私董会

深受企业家欢迎的学习道场

郑敬普 ○ 著

浙江工商大学出版社 | 杭州
ZHEJIANG GONGSHANG UNIVERSITY PRESS

图书在版编目（CIP）数据

私董会：深受企业家欢迎的学习道场 / 郑敬普著 . —杭州：
浙江工商大学出版社，2019.6
　ISBN 978-7-5178-3195-2

　Ⅰ . ①私… Ⅱ . ①郑… Ⅲ . ①企业管理—经验—中国
Ⅳ . ① F279.23

中国版本图书馆 CIP 数据核字（2019）第 069886 号

私董会：深受企业家欢迎的学习道场
SIDONGHUI：SHENSHOU QIYEJIA HUANYING DE XUEXIDAOCHANG
郑敬普　著

责任编辑　井志强
封面设计　上尚设计
责任印制　包建辉
出版发行　浙江工商大学出版社
　　　　　（杭州市教工路 198 号　邮政编码 310012）
　　　　　（E-mail:zjgsupress@163.com）
　　　　　（网址 :http://www.zjgsupress.com）
　　　　　电话：0571-88904980，88831806（传真）
排　　版　新艺书文化
印　　刷　嘉业印刷（天津）有限公司
开　　本　787mm×1092mm 1/16
印　　张　14.25
字　　数　180 千
版 印 次　2019 年 6 月第 1 版　2019 年 6 月第 1 次印刷
书　　号　ISBN 978-7-5178-3195-2
定　　价　68.00 元

可以"私董会"，但不能"无所不包"

私董会，全名私人董事会，是一种新兴的企业家学习交流模式。私董会把高管教练、行动学习和深度社交三者做了融合，汇集了跨行业的企业家群体智慧，借此解决企业经营管理中出现的各类难题。

在我看来，私董会不是为了替代谁，而是成为企业管理工作的重要补充。有的人试图将私董会理解为无所不包的，这恐怕曲解了私董会的原意，改变了私董会的基因。

私董会正逐步走入大众的视线，它能否在未来成为企业主流的学习方式之一，关键在于私董会从业者对此的重视程度。目前，没有将私董会看成深度学习方式的人和机构有很多。他们只把私董会作为一种工具，以投资作为入口，或者以资源作为诱饵，吸引企业家加入和关注。企业家们如果有这样的想法，就没必要打着私董会的幌子做投资、资源对接，直接交易不是更省事吗？可是，这些人偏不这么做，他们觉得私董会的名声不错，显得高端、神秘，便聚合在一起，各有各的心思，一起做些不痛不痒的练习，装装样子，在乎的只是对方手里的资本和资源。这样的私董会模式完全改变了私董会原有基因，是私董会从业者重视程度不足、理解出现偏差造成的结果。

创新私董会的活动模式本无可厚非，虽然我也在不断探索私董会与不同咨询、培训方式的结合，但我绝不会凭着自己的私心，随意改变私董会的基因及七步法的基本程序。比如，我可能会尝试把私董会的程序简化成六步法、五步法，但绝不会改成直接经验法。

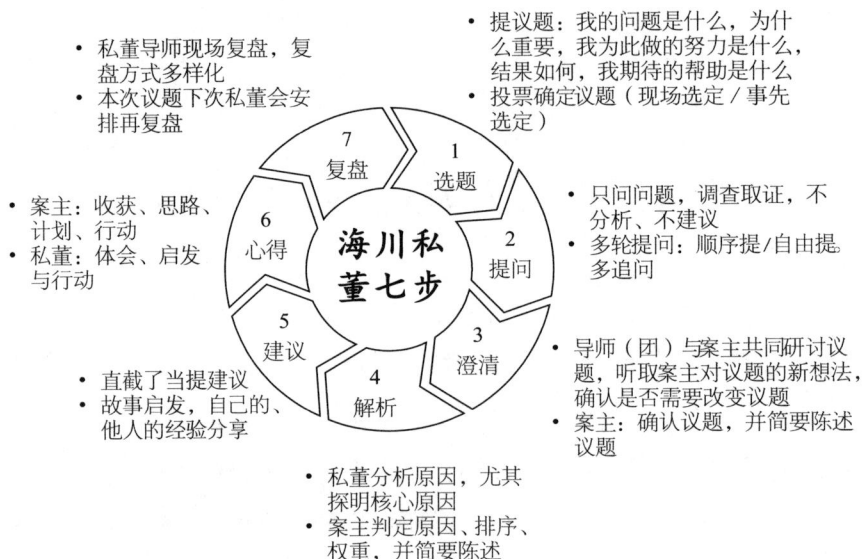

- 私董导师现场复盘，复盘方式多样化
- 本次议题下次私董会安排再复盘

- 提议题：我的问题是什么，为什么重要，我为此做的努力是什么，结果如何，我期待的帮助是什么
- 投票确定议题（现场选定/事先选定）

- 案主：收获、思路、计划、行动
- 私董：体会、启发与行动

海川私董七步

7 复盘
1 选题
2 提问
3 澄清
4 解析
5 建议
6 心得

- 只问问题，调查取证，不分析、不建议
- 多轮提问：顺序提/自由提，多追问

- 导师（团）与案主共同研讨议题，听取案主对议题的新想法，确认是否需要改变议题
- 案主：确认议题，并简要陈述议题

- 直截了当提建议
- 故事启发，自己的、他人的经验分享

- 私董分析原因，尤其探明核心原因
- 案主判定原因、排序、权重，并简要陈述

所以我认为，私董会的参与者们可以在做私董会的过程中适度进行一些结合和改变。而且，探索私董会基因的过程也会让你受益匪浅。在追求的过程中，你可以感受到私董会的多元、平等、自由、独立、包容和关怀，领悟问题为何被提出，你的经验在其他私董眼里为何变了模样，为什么得不到你想要的结论，私董会上的结论为何存在很大的差异，是环境因素还是思维方式决定了你的结论，等等，这些问题的答案都存在多样性和不确定性。

如果有哪位私董成员埋怨没有得到答案，大概率是他自身缺少鉴别力所致。不能去伪存真、去粗取精，仅仅指望别人直接给出经验和结果，这纯属懒惰思维。在我们日常的教育方式里，如果习惯要一个完美、绝对的结果，很容易僵化我们的思考方式。

所以，大家在探索私董会的过程中，一定要多观察、多学习，并多与其他私董会成员沟通，这样才能真正理解私董会，并通过私董会帮助企业家们更好地管理企业。

我是个做了19年管理咨询的"老咨询人"。2012年接触伟事达私董会时，我就对私董会产生了好奇心，企业家们原来可以这样进行学习和交流。而且，私董会还可以改善企业的管理咨询和培训方式，促使更多参与者独立思考问题。

到2013年1月我创办海川生态私董会时，我还是懵懵懂懂的。但怀着浓厚的探寻兴趣，我基于咨询的底子，决定走上对私董会的研讨之路。经过几年的实践，我发现，私董会的优势在咨询班底，但是劣势也在咨询，如果你没有把握好尺度，就会犯咨询里常见的错误——夸夸其谈，因为自己在别人（客户）那里得到验证，就认为自己的经验和框架永远是对的。这种思维纯属经验主义泛滥，如果你能避免类似错误，私董会的咨询价值就能凸显出来了。

如果私董会按照收不住的方式如法炮制，就会变得面目全非。有人喜欢把大腕级私董邀请到自己的私董会里，结果却不尽如人意，整个私董会变成了大腕咨询会，只听他一人（或者一群人）在那里口若悬河，还有其他私董什么事呢？私董会变了味，还不如不开，或者直接开开咨询会、案例会，听听大腕级企业家、咨询师、教授的看法，提提建议。这样做效率也高，可能只需要30分钟就可以解决你的问题了，何必折腾那么长时间开私董会呢？而且私董会要求坦诚，"扒光了"给别人看自己的真实情况，如果想把过程省了，难堪也不存在了，藏着掖着就能马上有答案，哪里有这么好的事？!

每个对私董会感兴趣的人——私董会从业者、企业家、管理者，对私董会都有自己的判断，选择不同，结果自然不同。中国文化向来包容多元，大家在看待问题时也要尊重多样性，尽量全面地看待问题。

我正走在探索私董会的路上，愿与更多有识之士同行。

目　录

第一章　揭开私董会的面纱

私董会的内容关系到参与者的收获　// 003

打破师与生的界限，体悟学无常师　// 005

建立私董会的目的要明确　// 006

成员在私董会上的收获有哪些　// 008

培养好奇心和想象力，保持管理的鲜活性与团队活力　// 010

私董会如何助推企业与个人成长　// 011

为什么要向私董会小组"掺沙子"　// 013

"私董会+"和"+私董会"是什么　// 015

第二章　私董会如何修炼人性

要做到深刻揭示自己、批判自己　// 019

私董会对人性进行考验　// 020

如何做到"私董会信任"　// 022

"随心所欲不逾矩"是私董会的最高境界　// 024

私董会为什么要坚持共创与重构　// 025

私董会解决人们深层次的困惑　// 027

不确定性增加了私董会的魅力 // 028

第三章　对私董会价值的解析

私董会的过程比结果更重要 // 033

再谈私董会过程的重要性 // 034

私董会价值的呈现与时间的关系 // 036

"场"内如何修炼，才能促进"场"外实践 // 038

私董会怎样推动教育与培训创新 // 039

私董会如何让人们的认知回到真实状态 // 041

怎样做到深度参与，实现更大的自我价值 // 042

为什么说私董会的检验功能强大 // 044

私董会的头脑风暴不受权威限制 // 046

深挖内心深处的想法，助推企业家精神修炼 // 048

私董会终结一切纠结 // 049

第四章　私董会需要什么样的导师

私董导师需要懂什么 // 053

私董导师的称职条件 // 054

群体导师出场，效率、效果倍增 // 056

私董导师如何适当"越俎代庖" // 057

如何培养自己的准专业导师 // 059

观察员怎样成为主持导师的重要补充 // 060

短训可以培养私董导师吗 // 061

私董导师对私董会的作用 // 063

第五章　称职的私董会导师这样炼成

真心反思自己，解决他人问题　// 067

允许出现"混乱"和"七嘴八舌"　// 068

一定要懂得追问，不能"你讲你的，我问我的"　// 070

遵守底线，放手不放任　// 072

自组织如何运行　// 073

如何专业深度引导　// 075

为什么说接受检验的过程是快乐的　// 077

导师不是主角，杜绝权威发布　// 078

观察员如何扮演好自己的角色　// 080

第六章　"轮流坐庄"的私董会案主

案主的引导：强迫接受不如刺激思考　// 085

被层层剥洋葱的案主　// 086

干扰案主决策，是好事还是坏事　// 088

案主不能"独善其身"，要有心"普度众生"　// 089

团队案主和单一案主哪种效果更好　// 091

为什么任由"庄主"决定议题　// 092

"1+X"团队案主模式会增加哪些不确定性　// 095

彻底摆脱一个导师打天下的局面　// 096

团队案主模式应成为主流方式的原因　// 098

第七章　私董会要从重视议题开始

为什么不用担心选题的真实性　// 103

如何做好现场选题 // 105

对选定的议题要质疑吗 // 106

陌生议题跑偏不是坏事 // 108

对问题式议题和案例式议题的解读 // 110

第八章　控制好过程，是私董会成功的关键

出现走神现象的原因 // 115

反转式教学：老师的引导价值远高于演讲价值 // 116

怎样造就探寻真相的"场" // 118

逆向思维：思考别人没有想到的领域 // 119

怎样纠正预先筛选的思考模式 // 121

如何做到"场"内与"场"外一致 // 122

经验式建议与程序式建议哪种效果更好 // 123

私董会中的澄清环节如何进行 // 125

私董成员怎样追问 // 126

帮助私董推导答案的方法 // 128

私董会如何复盘 // 130

复盘的几种实用方法 // 131

第九章　私董会方法如何灵活运用到企业管理中

私董会方法如何助推决策 // 135

如何解决企业管理中的误读问题 // 137

企业需懂得灵活运用私董会的不同方法 // 138

如何运用准私董会方法训练管理思维 // 140

第十章　私董会形式多元，需对症下药

远程视频（语音）的私董会方式是否可行　// 145

如何开好专题私董会　// 147

为什么小私董会便捷有效　// 148

超过40人的私董会如何开　// 150

什么是述职报告私董会　// 151

3小时体验私董会如何进行　// 153

怎样开好诊断私董会　// 156

第十一章　内部私董会：群策群力，共创共赢

内部私董会如何组织　// 161

为什么企业管理者要成为内部私董会导师　// 162

是外部顾问合适，还是内部顾问合适　// 164

决策层私董会如何组建与运行　// 166

什么是企业内部小组外化　// 167

如何运用内部私董会方法研究问题　// 169

内部私董会怎样解决专业与衍生问题　// 171

参加内部私董会怎样忘掉工作中的角色　// 172

开好内部私董会需要把握哪些要素　// 174

内部私董会需要多长时间能够见效　// 176

熟悉导致无法动刀，陌生就会无所顾忌　// 178

内部私董会有哪些"破坏力"　// 179

内部私董会的神奇效果　// 181

为什么说内部私董会具有审计功能　// 183

第十二章　私董会应用场景延伸

企业大学如何导入私董会　// 187

大学商学院怎样引入私董会　// 188

私董会方法如何融入MBA教学　// 190

"+私董会"方式如何应用于管理教学　// 191

第十三章　私董会方法创新

外部私董会如何内部化　// 195

什么是后现场检验　// 197

私董会运行的三层体验　// 199

怎样自我创建私董道场　// 200

如何利用共创形成共识　// 202

怎样深挖问题，改善思考模式　// 204

如何让私董会效果得到提升　// 205

私董会怎样才能常开常新，不落俗套　// 207

后　记　我的私董会学习实践与感悟　// 209

第一章

揭开私董会的面纱

私董会的内容关系到参与者的收获

人们对私董会的内容一定要重视，因为它关系到参与者的收获多寡。这个"内容"包括案主说了什么、如何回答、有何应对，还包括其他私董们说了什么，是不是真诚、开放、有见地的。除此之外，"内容"还包括私董会主持人引导什么，如何引导，气氛是否真实，内容是否有趣、有益。

私董会是我国的叫法，也可以称它为私享会、思想会、师董会等。私董会只是一个称呼，不用过于计较，但其中的内容一定要重视，因为它关系到参与者的收获多寡。

私董会的"内容"包括案主说了什么、如何回答、有何应对，还包括其他私董们说了什么，是不是真诚、开放、有见地的。这其中，真实性是最重要的一个准则，只有大家都遵守了这一点，才能从私董会中得到真正的收获。

除此之外，"内容"还包括私董会主持人引导什么，如何引导，气氛是否真实，内容是否有趣、有益。另外，现场观察员的发言也很关键，这里的观察员主要分成两类：一类是专家，一类是企业家。其中，专家观察员是常态机制。设置观察员的目的是增加现场讨论的多元性，目前来看效果还不错。但是，观察员们要注意控制好自己的说话时间。特别是在陈述自己的观点时，观察员有时会收不住，容易长篇大论，这对私董会讨论来说算是犯了大忌。

"内容"的结构也非常重要。这个结构指的是主持人、案主及其他私董成员、观察员这几种角色的发言时间和对整体流程、节奏的控制。

在一般的会议现场，主持人通常由专家、老师等有一定名望的人来担任，引导会议的进行，对会议的走向和结果起着举足轻重的作用。在私董会现场，主持人的功能主要以倾听、引导讨论为主，发问和陈述观点为辅，大体上倾听和引导两部分占说话时间的99%，余下1%的时间说自己的观点，还得在复盘时使用。如果在整个私董会现场进行主持，那么主持人的说话时间最好控制在10% ~ 20%，其余超过80%的说话时间要交给私董成员们。

对于现场发生的情况，主持人要敏感，能做出一些必要的调整，以保证现场讨论的有效性。在我看来，主持人控场的最高境界是让现场自动发问、激辩，不要随意打断私董们的交流。当然，有犯规的情况除外，如不按套路出牌，在一个环节未完成时就开始进入下一个环节，这时，主持人干预一下是有必要的，或者在讨论过程中严重跑偏时做一个纠偏，也是有必要的。

很多时候，主持人判断讨论是否真的跑偏存在一定难度，经常出现看起来跑偏，但实际上是旁敲侧击的情况。如果能坚持讨论下去，可能会使私董会得到意想不到的收获，这需要主持人根据具体情况来分析判断，对他的主持功力来说算是不小的考验。就像大家看足球赛时，如果裁判对犯规吹得过严了，球赛老是停顿，就不好看了。但犯规不吹，会导致冲突，甚至球赛比不下去，也是不可取的。主持人对会议内容的拿捏是否准确，对私董会能否成功至关重要，也会影响参与私董会的成员能否真正得到收获，因此需要大家对此产生重视。

2016年11月25日 北京

打破师与生的界限，体悟学无常师

> 学无常师，是指一个人的一生会拥有许多老师，并不仅仅师从一门一派，从一而终。所以，凡有点学问、长处的人都可以是我们的老师。学无常师在私董会现场体现得淋漓尽致，无论是企业家私董会、专家私董会，还是企业内部管理者私董会，当人们选定议题，开始讨论时，精彩就开始了。

我理解的学无常师，是指一个人的一生会拥有许多老师，并不仅仅师从一门一派，从一而终。所以，凡有点学问、长处的人都可以是我们的老师。"三人行，必有我师焉"，说的也是这个道理。

可道理归道理，有多少人真是这样认为的呢？尤其是有些当老师的人，总爱把自己放在传道、授业、解惑的高处，以为别人称自己是老师，自己便永远是老师了，完全没有向别人学习、做学生的意识。显然，这样的认知是狭隘、自负的。

学无常师在私董会现场体现得淋漓尽致，无论是企业家私董会、专家私董会，还是企业内部管理者私董会，当人们选定议题，开始讨论时，精彩就开始了。在讨论过后，参会的私董们也会对自己有这么多新想法而惊讶，并获得成就感。在此之前，很多人这方面的能力没有被发掘出来，也不知道自己可以有这么多新鲜有趣的观点。

尤其是在企业的私董会（无论外部或内部）里，这种情况会反复出现。私董会导师和观察员老师始终扮演着配角，静观（听）主角们激烈的讨论和交锋。争论得越激烈，不仅主角们越享受，配角们也同样享受这场讨论的盛宴。

此时的老师与学生之间没有界限，相互共融。私董会的成员之间只有称谓的差别，而没有实质的师生关系，这也是私董会学无常师的完美体现。

2017年5月8日　武陟

建立私董会的目的要明确

私董会的每一位创始人都各有立意和预期，但其在私董会组织运行后都会发现，当初的意图可能越来越不重要，重要的是成员们在这个组织中，是不是处于快乐、幸福的状态，而且，在这个状态背后，成员们是不是获得了他们想要的东西。

私董会究竟想达到什么目的？这是一个很难用一句话描述清楚的问题。可以说，私董会的每一位创始人都各有立意和预期。问题是如何将一群人吸引到你的私董会中，并且使其能够尽可能长时间地待在这个松散组织中。这是一件很费心，却很有价值的事。

一家专业机构或个人开始组建由创业者、企业家为核心成员的私董会组织时，其意图往往十分简单。比如为了聚集资源，获得进一步的商业合作机会；为了让成员们获得更深层次的教育和引导，推动其思维创新，提升其解决问题能力；为了推动成员们的进步，从而推动其领导的企业或组织获得更大的进步，比如上市、规范发展、成为行业顶尖企业等。

这些意图背后的一个商业逻辑是，组织者可以同时获得尊重和利益。上述意图都是实际存在的，每一个私董会组织在运行后，其组织者都会发现，当初的意图可能越来越不重要，重要的是成员们在这个组织中，是不是处于快乐、幸福的状态，而且，在这个状态背后，成员们是不是获得了他们想要的东西。

从目前情况看，一个私董会创立之初，并非所有成员都是在"清醒"时加入的。就是说，他们有需求，但不确定是否能从私董会获得自己想要的东西，所以只抱着试试看的心态来做。做得好，就继续；做得差，就重新选择。这本属于人之常情，但若参加私董会的成员都是这种心态，这个私董会注定不会有好结果。

在一个正式、真实的私董会组织里，成员们会逐渐消除这样的尝试心理，他们会让心态平静下来，并沉浸其中，怀抱真诚之心说话。这对于成员来说，已经算是取得初步成果了。因为私董会本身就有这样的价值理念：放下自己，共享智慧，做出贡献。

每个私董会成员在领导企业时，或在日常生活中也许都有过困境与困惑，当他们开始自我暴露的时候，就有可能取得进步。放下心结，并通过私董会过程的熏陶，把这些困惑一步一步地化解。而且，私董会的目的不是简单化解问题本身，更重要的是使成员获得思想上的升华。可能刚开始看起来是专业的、技术层面的问题，讨论后发现是一个思想层面或哲学层面的问题；一个看起来是企业管理的问题，却可能是因为生活态度问题引发的；看起来是他人有问题，讨论后却发现是自己的问题。

一系列意想不到的结果发生后，成员们就会更加用心关注自己身在其中的这个私董会组织了。所以，大家是想建立一个功利的私董会组织，成员能在其中获得更多商业机会；还是建立一个幸福的组织，成员可以在其中收获思想，关注自身修炼和健康成长，顺其自然地推动自己企业的成长呢？

上述问题的解决和选择，需要经历一个自然的过程，没有对错之分，只是一种选择。这种选择会造就你在私董会组织里的个性，这种个性是一种文化，引导着成员拥有在未来相互陪伴的心态和想要实现终极目标的坚定信心。

2017年6月6日　北京

成员在私董会上的收获有哪些

> 私董会必须营造出一个"人人像主人"的氛围，每个私董会成员不仅能在现场表现出诚意和智慧，而且在场外也能够主动加强连接，比如企业间参访、经验交流等，并主动提出下一次私董会的承办方法，愿意当操盘手，给大家当"服务生"。

自组织是外部私董会最终的运行方式。想单靠发起人或几个人负责运行私董会是相当困难的，必须营造出一个"人人像主人"的氛围，试想，每个私董会成员不仅能在现场表现出诚意和智慧，而且在场外也能够主动加强连接，比如企业间参访、经验交流等，并主动提出下一次私董会的承办方法，愿意当操盘手，给大家当"服务生"，这样的局面绝对会让每一个私董会成员感到兴奋。

案主和私董成员在私董会上的收获究竟有哪些？每个人对此的体验或许不尽相同，但肯定都会有以下几个收获。

第一，"私董七步法"的运行逻辑被参与者识别和理解，对参与者产生正面的影响，并促使参与者愿意主动将此方法引入企业内部。

第二，案主提出的议题，即使没有具体答案，也可以获得基本思路，至少对其中的某一点启发很大，对下一步改进计划的拟订有帮助。

第三，私董成员在"私董七步法"的某一个环节或多个环节中，获得某种启示。

第四，不仅就事论事，而且要在更高层面认知议题的背后价值，甚至关乎生命质量、经营与领导哲学等方面的启示。

第五，私董会讨论过程中，可以检验自己提问问题、分析问题、给出建议等的能力，从中得知自己是拥有哪种特质的领导者。"解剖"案主的同时，案主就成了一面镜子，透视出每个人不同的内心世界。

从目前私董会运行的情况来看，虽然还没有完美的评价标准，但私董会成员还是可以通过讨论收获不少有用的信息。当然，关于议题本身的启发与背后逻辑的探讨，以及延伸启示的价值是必须呈现的，否则私董会的价值就会缩水。

2017 年 8 月 7 日　北京

培养好奇心和想象力，保持管理的鲜活性与团队活力

> 开私董会的关键是训练成员的好奇心、想象力、思考力和洞察力。私董会的一大好处就是这个"场"基本不可能形成人们只用学习知识，不用进行讨论的局面。现场通常会成为共创、重构、共享知识和经验的"场"，"场"中的研讨过程充满着好奇心、想象力、思考力、洞察力，这就是私董会的价值所在。

开私董会不是为了训练私董成员记住某些知识和事实，更关键的是训练成员的好奇心、想象力、思考力和洞察力。如果私董会只是为了通过学习记住知识、掌握事实，那么私董会的价值将会锐减。

我在各类工商管理总裁班教学时，总会发现这样一个问题：企业学员很容易就被私董会"熏陶"得不会说话了；成员们不愿意主动发问，也不想在现场进行积极讨论。除了个别私董会的教学方式本身需要创新外，我还观察到，即使采取了必要的互动式、咨询式、反转式等教学方法，在小组讨论时，依然会有部分成员偷懒，觉得自己是来听课的，不是来讲话的。这样的偷懒行为对自己、对他人都是一种缺失。

上述现象反映出，私董会中的一部分人已经失去了好奇心和想象力。一旦失去这两样东西，人就会变得毫无生气，觉得一切都是理所当然的，不愿意别出心裁地想问题、谈问题，时间长了，脑袋愚钝就在所难免了。企业内部掌握了话语权的管理者们，尤其要警惕这种现象发生。管理者如果失去了好奇心和想象力，就会进入完全依赖经验的状态，管理的鲜活性与团队活力就会跟着丧失。

积累知识是必要的，但是，不善于学习就有可能使自己变成"两脚书橱"，满脑子只有知识和程序，亦步亦趋，失去创造力。说什么话，

干什么事，都要引经据典，找到"根据"，结果就会什么也干不成。

我发现，私董会的一大好处就是这个"场"基本不可能形成人们只用学习知识，不用进行讨论的局面。而且有时现场甚至很火爆，互相挑战各自的经验和一些知识的功用问题。现场通常会成为共创、重构、共享知识和经验的"场"，"场"中的研讨过程充满着好奇心、想象力、思考力、洞察力，这就是私董会的价值所在。

2017 年 9 月 23 日　北京

私董会如何助推企业与个人成长

> 私董会已经成为企业与个人变革与创新的重要推动方法之一，并且发挥着越来越重要的作用。无论是落后的还是先进的体系，都可以在私董会运行中得到检验和改造；对组织和个人来说，都会产生不一样的感受和检验。而且，由刺激所产生的变革和创新是美妙的，需要成员们长期坚持下去。

显而易见，私董会已经成为企业与个人的变革与创新的重要推动方法之一，并且发挥着越来越重要的作用。

无论是外董会还是内董会，愿意改变的成员只要使用了这个方法，原有体系就不会完全一成不变，无论是落后还是先进的体系，都可以在私董会运行中得到检验和改造；对组织和个人来说，都会产生不一样的感受和检验。

具有变革和创新推动效应的私董会，并不被所有人和组织喜欢。尽管大家都喜欢标榜自己愿意变革和创新，但是当变革和创新真的来临时，恐惧与患得患失的心理就会来袭，这是无法回避的现实，每个人都一样，只是程度有差异。其中，有思维层面的落后与先进，有战略层面的混沌与清晰，有执行层面的落后与效率，它们或者被刺激，或者被检验，这一切都要在开放、平等条件下进行，对于权威拥有者和所有参与者来讲都会面临很大的考验。

从我经历过的一些私董会运行情况来看，尽管受到刺激的成员们有一部分会产生沮丧感，但是整体来说还是有效的。也就是说，他们能够接受这些刺激，是因为他们的获得感远远大于刺激所带来的短暂挫败感，当然，这还要看受到刺激的成员们是不是胸怀宽广，愿意接受刺激，能否理解私董会带给自己的刺激是有价值的。这不是一次两次实践后就可以下定论的，私董导师也不可能只通过一次私董会过程就做出准确的判断，即便是成员本人，也不一定能做出自己愿不愿、能不能接受私董会刺激的准确判断。

由刺激所产生的变革和创新是美妙的，需要成员们长期坚持。无论是自己参加外部私董会，从外部私董会的企业家身上汲取无穷无尽的营养；还是学会组建内部决策层、管理层私董会，并坚持运行下去，这种由外向内的实践，一定会带给组织和企业不一样的体验和能量。

如果你的组织中存在负能量，组建内部私董会是解决这个问题的好方法，解剖问题、刺激思维，让负能量转化成正能量。尽管有人会一时接受不了，但只要给予相关成员理解和宽容，假以时日，一定会出现好的结果。内部私董会本质上不是要淘汰谁，而是试图把落后的方面向好的方面转化，起到赋能的作用。这需要企业领导者多一些耐心，用时间让内部私董会成员们消化和真正理解这种企业学习交流模式。

2018 年 1 月 28 日　北京

为什么要向私董会小组"掺沙子"

> 我主张私董会小组要"掺沙子",不搞"一般大"。"一般大"理论上可行,实际上却有很多问题,比如不多元化,尤其在年龄、性别、规模、行业、地域等方面,非常不利于成员们一起研讨问题。而且,私董会还应该坚持有教无类,不要有门户之见。

在谈及向私董会小组"掺沙子"这个话题前,让我们先讨论这样一个问题,如何判断一个私董会是否高端呢?

我的观点是,私董会是不是高端,不取决于名称,重点在于它的内容是否高端。以我这几年的实践经验来看,私董会的高端主要是指:

第一,一群人是奔着解决问题去的,每个人都想为他人做些贡献,而且是真心做贡献。

第二,一群人不是功利地寻一个结果,而是非常重视对过程的研讨、自身的体悟,因而十分投入。

第三,始终把平等心态牢记心中,一定要让权威在内心世界消失。即使有人语言激烈,显得权威,那也不是想显摆什么,而是完全出于真心、关怀流露。

第四,捍卫独立观点,但不教条、固执,无论对他人还是对自己,都是一样的态度。

第五,私董会成员之间是"诤友"不是"铁杆"。"诤友"有底线,亲密有度,敢于直言;"铁杆"容易无原则,或许能同生死,但难以共同进步。

所以,高端不是所谓的硬条件,比如规模、名声。大多数蜚声海内外的企业家，他们是出了名才有思想和商业能力，还是因为有思想、有商业能力才出了名呢？当我们组建私董会小组时，选择创业者或者有些规模的企业领导者时，企业规模大一些的领导者就一定思想先进、商业能力了得吗？恐怕谁也不能轻易下这样的结论。同理，那些目前看起来规模不大甚至很小，但是有潜力的企业创业者，谁能断言他不是未来某个行业的企业领军者呢？

既然一切都有可能，一切都存在不确定性，为何大多数人还是会在意"门当户对"？或许这与我们固有的思维方式有关。这几年，我在几所大学的工商管理总裁班中导入私董会教学，也带过一些私董小组，这些私董会里的成员所在企业的水平参差不齐，其中有很多思想深刻的成员未必来自大企业。而且，做企业时间长的、年龄稍微大一点的成员们，因为经验多一些，更不容易跳出自己的思维圈子，喜欢在自己的世界里打转转。这种人可能太习惯于一种思维方式，虽然自己感觉不出来，但别人一听便知。与他们相反的是，年轻一点（这里的年轻不单指年龄，有的人年龄也不小了，但创业较晚，也算是"年轻人"）的创业者，因为创业年头不长，所以思维比较活跃、开放，所提的观点反而不落俗套、形式新颖、角度独特，对私董会的冲击会很大，很有价值。

所以，我主张私董会小组要"掺沙子"，不搞"一般大"，和前文所讲的是一样的道理。"一般大"理论上可行，实际上却有很多问题，比如不多元化，尤其在年龄、性别、规模、行业、地域等方面，都非常不利于成员们一起研讨问题。而且，私董会还应该坚持有教无类，不要有门户之见。

当然，最为关键的是，组建私董会小组时，需要加入者自我认知到位，如果自己从内心就不愿意接受私董会"洗礼"，就什么也学不到。

2018年2月5日　北京

"私董会+"和"+私董会"是什么

> 人们如果想放大私董会的价值，除了热爱和不断实践外，更重要的是将私董会与其他方法连接起来，单一方法对解决具体问题的功用是有限的，解决问题的层面也是不同的。私董会需要用"私董七步法"，解决平等、自由发声的问题，获得不同人群的管理智慧，从而出现共创局面，获得问题解决思路与方法。

在管理实践中，在我们还不够开放的前提下，一种新方法诞生时，我们总会用挑剔的眼光对待它，而不是积极拥抱、改进它。

私董会由美国导入中国，在企业家、管理者、专业工作中得到了不同程度的使用。因为使用它的人理解不同、热爱程度不同、投入度不同、创新实践不同，自然也拥有着不同的价值。如果只是走走形式，私董会的价值就会变低；如果不断通过实践来丰富它，私董会的价值自然可以提升。如果将它活化，就会对企业的品质产生重大影响。如果过度追求提出问题的最终结果，价值就低了；如果将整个实践过程都当成结果，价值就会成倍上升。因此，看法不同、时间不同，得出的价值也会不同。

人们如果想放大私董会的价值，除了热爱和不断实践外，更重要的是将私董会与其他方法连接起来，单一方法对解决具体问题的功用是有限的，解决问题的层面也是不同的。私董会从根本上说，是为了解决领导者决策思维与领导者方法问题，为了推动领导者"觉醒"，所以不能指望它"无所不包"。私董会需要用"私董七步法"，解决平等、自由发声的问题，获得不同人群的管理智慧，从而出现共创局面，获得问题解决思路与方法。

所以，私董会的探讨形式是多样的，一个问题、一个案例、一个有兴趣的企业故事或生活事件，都是可以拿来研讨。只是要注意别忘记运用"私董七步法"，如果没有这个程序，私董会最为主要的基因就会消失，私董会也就彻底变了味道。

在人们的思维方式中，总是习惯将自己过去使用的熟悉方法中好的东西拿来对比新方法中有缺陷的地方，这种习惯会让我们成为封闭的人，会让自己变得狭隘、小气。私董会的过程会让我们得到刺激和有益的变化。不仅是私董会这种方法，还会有更多新方法诞生，我们采取何种态度对待，直接决定我们是延续自己的职业生涯，还是终结自己的职业生命。

如果我们有连接和整合的意识与能力，我们就会迎来"私董会+"或"+私董会"的生动活泼的、富有好奇心的方法创新局面。

2018 年 5 月 23 日　广州

第二章

私董会如何修炼人性

要做到深刻揭示自己、批判自己

由于私董会组织可以"强迫"你接受或者快速建立批判自己的场景，比自己建立内心场景要容易一些，所以，私董会就成为揭示和批判自己的有效工具之一。企业家愿不愿意选择这样的方式整理、修炼自己，是一种态度的表现；同样，公司内部的管理者敢不敢接受这样的场景修炼，也反映出一种态度。

在我看来，有两种场景可以帮助人们深刻揭示自己、批判自己。第一，是在一个私董会组织中；第二，是自己建立起强大的内心反思场景。由于私董会组织可以"强迫"你接受或者快速建立批判自己的场景，比自己建立内心场景要容易一些，所以，私董会就成为揭示和批判自己的有效工具之一。但因为这种方法会让自己感觉不舒服，所以只有极少数人愿意接受（被动或主动）这样的场景修炼。

从本质上说，这种修炼过程是有一些违背人性的，你越想隐藏

（自觉或不自觉地），其他成员就越想揭示真相，他们希望你"裸奔"，以更好地观察到你的全部。当然，这不是简单的好奇，而是真心想帮助你的表现。你"裸奔"得越起劲，成员们的帮助就会越真诚、到位。在这个过程中，不仅是他们对你进行帮助，实际上也是你对自己进行帮助。这几乎是每一位参加过私董会的人的体验，因为没有一个人能够置身这个场景之外。有人会盯着你，你自己更会盯着自己的内心，不让自己游走场外，唯恐会失去帮助他人、帮助自己的机会。

当然，因为人类注意力的持续时间有限，所以你一定会出现游走场外的现象，不用担心，现场的氛围会将你拉回来。游走是暂时的，只要你想改变，想帮助他人，你就能重新把自己的注意力集中到私董会的讨论里。

企业家愿不愿意选择这样的方式整理、修炼自己，是一种态度的表现；同样，公司内部的管理者敢不敢接受这样的场景修炼，也反映出一种态度。不同的选择会造就不同的职业人生和生命品质，这就要看你是否有坚定的、想要前进的内心了。

2017 年 7 月 7 日　北京

私董会对人性进行考验

私董会表面上看是研讨专业问题，实际上是考验人性，包括考验人性的真实、真诚和忍耐力等。从导师角度看，考验

> 主要是敢不敢"挑起事端"，引发激烈讨论，甚至不惜冲突。
> 另外，对人性的考验不仅在现场，后现场也考验着案主这方面
> 的能力。

私董会表面上看是研讨专业问题，实际上是考验人性，包括考验人性的真实、真诚和忍耐力等。考验的主体不仅是案主，也包括全场私董成员和导师。在私董会现场，敢不敢直面研讨议题和案主，对于每个参与者来讲都是不小的考验。

从导师角度看，考验主要是敢不敢"挑起事端"，引发激烈讨论，甚至不惜冲突。这种考验可以看出导师判断力的强弱，如"挑起事端"后现场是否可控，是否有利于顺利研讨，能否达到案主预期和参与者预期等。这需要导师既有提出专业问题的能力，又有对人性、人心的准确把握，尤其是在非会员制的私董会中，这样的考虑要更充分。

另外，对人性的考验不仅在现场，后现场也考验着案主这方面的能力。对案主来讲，除了现场接受关怀式的拷问外，还要对后现场进一步地冷静、反思和行动，之后，案主可能会走向两种不同的结果。

第一，案主面对私董们的分析和建议，出现下面的情况：虽然现场研讨的氛围令人感到不适，但还是坚持自己之前的做法，继续挑战和验证自己的正确性，以此维护受伤的心灵和面子。

第二，冷静反思，综合私董们现场的分析和建议，做出积极回应。这么做的主要目的不是为了向私董们的真诚帮助交差，而是确实需要做出改变，通过尝试改变，获得新的经验，并创造出新的局面。

2017 年 7 月 31 日　北京

如何做到"私董会信任"

> "私董会信任"的重要性在于，它直接决定了这个私董会能否继续存在下去，或者这一场私董会能否产生积极的效应。能否信任的若干问题需要私董会现场的所有角色都进行深度思考。大家思考得越清楚，做得越到位，私董会就越成功，越可能健康持续运行下去，每个成员也会在这个过程中得到更多的升华和感悟。

"私董会信任"的重要性在于，它直接决定了这个私董会能否继续存在下去，或者这一场私董会能否产生积极的效应。

在我看来，"私董会信任"包含以下几层含义。

第一，从私董导师与私董之间相互信任的角度分析，有以下几种信任思考：

1. 导师是不是能够信任私董成员，积极参与私董会研讨？能否信任私董成员有能力参与私董会研讨？能否信任私董成员参与的所有环节存在的缺陷是暂时的，是应当得到理解和宽容的？能否信任私董成员是愿意参与研讨、贡献想法的？能否信任私董会成员是能够承受真诚、关怀式的批判的？

2. 私董成员能否信任私董导师是出于关怀和真诚的初衷想提供帮助，才在现场积极提问、分析、建议的？能否信任私董导师引导讨论的做法（这可能与自己平日的工作和思考方式完全不同）是会产生积极效应的？

第二，从私董与私董之间相互信任的角度分析，有以下几种信任思考：

1. 私董案主与私董成员之间的信任包括：案主能否信任私董成员提问、分析、建议是出于真诚、真心帮助自己？案主能否信任私董成员有能力帮助自己？私董成员能否信任案主是真心需要自己帮助的？能否信任自己是能够帮助案主的？能否信任案主是能够承受关怀式条件下的足够刺激的批评意见？

2. 私董成员之间的信任包括：能否信任坐在一起研讨问题的私董成员是有能力参与所有研讨的？能否信任大家可以平等相处，彼此尊重？能否信任彼此提出的议题是愿意开放讨论，并愿意接受批评的？

第三，从私董导师与观察员之间相互信任角度分析，有以下几种信任思考：

1. 私董导师能否充分信任观察员能够真诚帮助私董成员？能否信任观察员有能力帮助私董成员？能否信任观察员对私董会现场研讨氛围产生有价值的调剂？能否信任观察员偶尔跑偏时，即使导师干预，也不会引起负面情绪？

2. 观察员能否信任私董导师现场即时变化的做法是有逻辑和价值的？能否信任私董导师适度干预自己跑偏的发言是为了私董会正常运行的需要？能否信任私董导师在需要自己时准确判断并做有效发言？

第四，观察员与私董成员之间的信任，同私董导师与私董成员之间的信任条件类似，可以放在一起进行对比和分析。

以上若干个"能否信任"是需要私董会现场所有角色深度思考的问题。大家思考得越清楚，做得越到位，私董会就越成功，越可能健康持续运行下去，每个成员也会在这个过程中得到更多的升华和感悟。

2017年9月5日　北京

"随心所欲不逾矩"是私董会的最高境界

有的人在刚开始做的时候觉得,只要学会了主体的"私董七步法"就可以了,但其实还差得很远。了解"私董七步法"只是皮毛,离达到私董会的精深程度还需要走很长一段路。私董会的成员们需要让自己站得高一些,以观全局的角度看问题,这样就会把问题看得通透,并最终做到"随心所欲不逾矩"。

私董会运行如学围棋一般,易学难精。学会下围棋,几个小时大体就足够了,聪敏的人恐怕还会更快。但是大多数人下一辈子棋,恐怕也难以逃脱"臭棋篓子"的称谓,其间需要悟性,也需要用心沉淀。

私董会也是这种特点,有的人在刚开始做的时候觉得,只要学会了主体的"私董七步法"就可以了,但其实还差得很远。了解"私董七步法"只是皮毛,离达到私董会的精深程度还需要走很长一段路。

在我看来,私董会主要有三重境界。

第一重境界,学会走完"私董七步法"。

这里必须明白每一步的含义,才能准确把握和应用,否则现场主持时只能是照猫画虎,不得要领。

第二重境界,学会深度引导。

深度引导包括:提炼私董在各个环节的经典观点,总结私董在发言中的经典疑问,发现案主在研讨中提供的疑点信息,制造私董、案主研讨中的冲突点,为自己主持时提供灵感等。通过这些手段推动私董会达到高潮,使案主议题本身的困惑得到解决思路和方法。

第三重境界，学会超越议题。

就事论事可以解决问题，也可能使问题变得更复杂。"功夫在诗外"是常见的，在私董会中，我们如果太想解决具体问题，往往就会缺乏对问题深度、高度和广度的思考，这反而会不利于问题的解决。私董导师如果有"拨开云雾见天日"的决心，并可以概括出一般性的内容，就会十分有利于问题的解决。如果只是在问题本身打转，越转就越可能进入死胡同。所以，私董会的成员们需要让自己站得高一些，以观全局的角度看问题，这样就会把问题看得通透，并最终做到"随心所欲不逾矩"。

三重境界的修炼过程很长，根据我的私董会实践经验，我认为的修炼时间是：

第一重境界，1~3年，内、外私董会50场以上，依靠私董的基础和用心程度。

第二重境界，4~8年，内、外私董会200场以上，依靠私董的悟性。

第三重境界，需要用一辈子来修炼，有的人最终也未必能达到这重境界。

2017年9月25日　广州

私董会为什么要坚持共创与重构

私董会的共创和重构的特性非常突出。共创，指的是私董成员围绕不断被提出的五花八门的议题，共同探讨，得出结论和启示。重构，指的是私董会研讨过程，不是简单的经验与知识分享，而是遵循私董会方法论开展碰撞，得出关于私董议题的新思路、方法及延伸启示。

私董会的共创和重构的特性非常突出。共创，指的是私董成员围绕不断被提出的五花八门的议题，共同探讨，得出结论和启示。得到的成果不属于某一个人，而是共同创造。重构，指的是私董会研讨过程，不是简单的经验与知识分享，而是遵循私董会方法论开展碰撞，得出关于私董议题的新思路、方法及延伸启示。这个结论不是现成的，而是现场创造的。

私董会想要达到共创与重构，需要两个前提。

第一个前提，是知识与实践经验的积累程度。

私董经验累积得越丰富，则共创价值的可能越大，重构价值可能越高。如果日常积累不够，在私董会上剖析你时，你的压力就会大一些。当然，这一切都是为了找准自己的位置，改善自身，提升能力和素养。

第二个前提，是私董们的投入程度。

私董们越投入，则共创价值越大，重构价值越高。如果态度不端正，"身在曹营心在汉"，就一定不会对重构新事物产生更多的贡献。

在私董导师的主持下，私董会组织（正式的长期组织或临时私董会组织）一定要努力实现共创和重构，当然二者的完成程度可能会不同，即两者的程度有时会深一些、多一些，有时会浅一些、少一些。但绝对不能出现不共创、不重构的过程与结局，否则这个私董会就是完全失败的，对私董们来说也是毫无意义的。

这里需要提醒大家一点，私董会组织一般会聘请第三方导师来主持会议，但大家不能完全依赖这位导师，更重要的是实现自组织。自我循环修炼依然是最重要的，没有这个意识，恐怕私董会组织很难深入发展下去。

所以，共创和重构不能只在外力（私董导师和观察员）作用下才出现，更重要的是靠私董会内部成员的自我觉醒来实现。

2017年9月4日　石家庄

私董会解决人们深层次的困惑

> 私董会作为外力，可以在帮助我们深度思考方面发挥重要作用，促使个体的内力觉醒，进行发力，并完成蜕变。如果你是企业家、创业家，能够娴熟地主持私董会，带领企业内部管理者用深度思考的方式解决问题，你就能帮助你企业里的其他管理者提升素养、积累智慧。

所谓深度学习，并不是指学了多少系统的知识，而是通过深化思考，解决我们深层次的困惑，最后达到自我觉醒、自我修炼、自我提升和自我调整的境界。私董会作为外力，可以在帮助我们深度思考方面发挥重要作用，促使个体的内力觉醒，进行发力，并完成蜕变。

就像通过互联网学习、去大学听课一样，私董会在保持人们好奇心的同时，也可以使人静下心来，在一个只有5个人或8个人的学习小组里，一起学习、修炼。你可以选择同时加入1~3个类型相似的私董小组，每年聚在一起学习10~20次后，你的收获一定会与日俱增。

大家加入私董会小组的目的，一方面是学习、修炼自己的智慧；另一方面，有意愿成为私董导师的人，就可以多在私董会主持人的修炼方面下功夫，这一样可以激发人们的深度思考，并解决人们产生的深层次困惑。

如果你是企业家、创业家，能够娴熟地主持私董会，带领企业内部管理者用深度思考的方式解决问题，你就能帮助你企业里的其他管理者提升素养、积累智慧。久而久之，领导者就会变成"引导者"，并能更好地发挥下属管理者的主观能动性了。

就像这几年，不少管理者向我咨询，如何用咨询方法研究自己的工作，提升自己的工作能力与素养。私董会就是其中一种不错的方法，管理者将其引入企业内部后，总体的反馈都是利大于弊，这说明私董会可以为企业在深度思考与学习方面提供良好的帮助。

2018年1月30日　北京

不确定性增加了私董会的魅力

在私董会中，如果人们只想通过得出某种结论或答案进行决策，恐怕会产生很大的麻烦。"授人以鱼，不如授人以渔"，不可否认经验是有用的，但更为重要的是为其他人提供对方法的思考。所以，不确定性增加了私董会的魅力。私董会从来就没有约定俗成的内容，从提出问题的环节开始，除非会前约定，否则不会让人清楚问题是什么。

在私董会中，如果人们只想通过得出某种结论或答案进行决策，恐怕会产生很大的麻烦。这些结论或答案更多是经验的提取，而经验往往是对历史的总结和体验，本身就充满了不确定性和不可复制性。如果历史经验都能够对未来某一时刻的决策产生贡献，那么凭空预测还需要吗？创新会不会停止？

上一代人的经验也许无法给下一代人提供更多的帮助，一拨人的经验也未必是另一拨人可以直接照搬使用的。在现实中，私董会里的大多数专家、领导者们，会有意识或无意识地无节制地提供自己的经验，并乐此不疲。

"授人以鱼，不如授人以渔"，不可否认经验是有用的，但更为重要的是为其他人提供对方法的思考。无论是老师与学生之间，还是领导者与其领导的团队之间，更需要的是提供思考路径，而不是经验和结论本身。通过分析推导出的结论，即使这个结论有可能是不完善的，但只要是我们自己推导出来的，就可以形成自我决策循环，帮助我们应付不同局面、不同突发状态下的决策与管理执行。这样岂不是更好？

我近一年多来的私董会实践结果，更加验证了我上述的分析。私董会从来就没有约定俗成的内容，从提出问题的环节开始，除非会前约定，否则不会让人清楚问题是什么。即使约定了会议需要讨论的议题，现场会发生什么，过程和结论怎样，从私董成员、观察员到导师，谁也不能事先完全猜对。

不确定性增加了私董会的魅力。与讲一堂课不同，一堂课里绝大部分的内容是确定的，而私董会有绝大部分的内容是不确定的。在不确定中能确定的就只有私董会的一套方法论和基本程序，可以让私董成员与导师、观察员一道，共同演绎议题，得出大家各自需要的结论或者启发。

这个启发也许是关于议题本身的，也许是由议题生发出来的更有价值的启示。其中，后者更能够提升我们举一反三的能力，使我们的思维变得更加通透。

2018 年 1 月 16 日　北京

第三章

对私董会价值的解析

私董会的过程比结果更重要

　　成员们需要知道的是，不是私董会给出的某类工具或经验使自己知道了答案，而是研讨过程的某种认知方式使自己产生联想或顿悟。答案不在现场，在于私董会后的进一步思考和行动验证，这会给私董会里的每个成员带来不同的体验和启示。所以，私董会的过程比结果更重要，换句话说，过程也是结果，而且是更高级的结果。

　　理解私董会的价值需要一个过程，它对私董导师和私董会平台搭建者来说都是一个不小的考验。

　　加入私董会的成员们，大多希望私董会能够解决他们参加培训、接受咨询时没有解决的问题和困惑，这是一种不太符合实际的高预期。这种高预期会让私董会平台搭建者和私董导师既兴奋，又备感压力。他们兴奋的是成员们对私董会有如此高的期待，说明成员们对私董会的初步印象还不错。与此同时，他们的压力也是显而易见的，私董会不是灵丹妙药，也不可能包治百病，在短期内可能不会有太明显的效果。当现实结果和高预期发生冲突时，私董们会对私董会产生强烈的怀疑和不信任。

如前所述，私董会解决问题靠的是共创智能的心态、程序、能力等。因此，私董会解决问题也是分层次的，是结果式解决，还是过程式解决，全凭参与者的亲身感受和实际需求，现场并不会得出实际的可靠结论。但是，过程却可以检验每个成员的状态和思维水准，既可以"正衣冠"，也可以"知兴替"，让成员们了解在未来要如何应对自己提出的困惑或实际问题。

所以，不是私董会给出的某类工具或经验使自己知道了答案，而是研讨过程的某种认知方式使自己产生联想或顿悟。答案不在现场，在于私董会后的进一步思考和行动验证，这会给私董会里的每个成员带来不同的体验和启示。

如果你加入私董会学习的目的，只是想通过他人或导师得到一个工具或经验，能够立刻解决问题，还是趁早不加入的好，否则你会对私董会非常失望。私董会需要每个成员彻底融入进来，这是对私董成员的基本要求和修炼。所以，私董会的过程比结果更重要，换句话说，过程也是结果，而且是更高级的结果。

2018年1月26日　北京

再谈私董会过程的重要性

私董会从提出问题开始，就已经对每个参与者产生价值

了。成员们在看到同伴们提出的议题比自己更直接、更真诚、更刺激时，自然会检视自己的内心世界，这便是过程之美的一种表现。在私董会的各个环节，都会有这样照镜子的行为，它们有些会被明确表露出来，有些则会被隐藏于心。

私董会过程体现出的价值，比会议结束时给出一个结论（或者是一个有权威的建议）的价值更为重要。

对管理咨询的认知或许可以帮助我们更好地理解私董会过程的价值。当顾问与客户接洽某个咨询项目，或应企业邀请讨论某个管理问题时，变革就已经开始了。这种变革不是为了设计方案，而是为了推进方案。从洽谈到变革告一段落的过程，都是价值的创造。

同理，私董会从提出问题开始，就已经对每个参与者产生价值了。比如提出议题这个环节，从我的实践看，不少私董成员在现场提出自己关心的问题时，往往会出现以下的两种典型情形：

第一，没有足够的时间把问题描述清楚。比如要求在30秒内说出想研讨的议题，对大多数私董来说就算是较大难度的考验了。

第二，议题缺少诚意。现场提出的议题或问题其实并不是自己最困惑的，或者是替别人提的问题，现场只要稍一追问，便会露出胆怯。

上述环节的两种情形反映出的问题是：

第一，简明表达问题能力欠缺，背后反映出的则是认知问题能力的欠缺。

第二，防范心理过重，不够开放，因此导致提出的议题诚意不够。

当成员们看到同伴们提出的议题比自己更直接、更真诚、更刺激时，自然会检视自己的内心世界，这便是过程之美的一种表现。同样，在私董会的各个环节中，都会有这样照镜子的行为，它们有些会被明确表露出来，有些则会被隐藏于心。

所以，私董会通过对程序的演绎，帮助成员们认知自己的问题。私董会要通过集体共创（以尊重多元、独立、平等为前提）产生结果，而不是靠权威解决问题，给出一个所谓的答案；是在过程中通过多元思想、视角的碰撞渐入佳境，而不是给出一个一锤子买卖的结论。

因此，试图围绕一开始设定的解决问题、给出结论的思路开私董会，就会陷入权威的圈套。这个权威至少包括两个方面的内容：一个是私董会中有名望的企业家贡献的权威，另一个是专家们贡献的权威，这两种权威一定要注意避免。

2018 年 4 月 27 日　北京

私董会价值的呈现与时间的关系

> 大家一边实践，一边对方法论进行研究，时间一长，对私董会价值与运用的理解都发生了改变，逐渐成长为一群经验丰富的咨询人，拥有了和初期完全不同的思考、训练和实践方式。而且，私董会强烈需要私董导师引导私董成员自己开展研讨，体现以平等、自由、独立、多元为前提的共创价值。

认知一件事物的真正价值往往需要很多年的时间，虽然不能简单地用对与错来判断，但用时过长的认知和决定确实会使一些价值的呈现遭到不必要的延迟。

对私董会的价值认知也是如此。我虽然在 2013 年 1 月就发起成立了海川生态私董会，但一开始并未真正认知它的价值深度，只是觉得这件事好玩、有趣，可以作为咨询行业工作方式的补充，所以觉得做私董会并没有太大的困难。

从2013年到2015年5月，我虽然和同事们组织了一些私董会活动，但是那时还不太像样，实践形式主要是内董会，目的是帮助企业研讨问题，得出一些有价值的结论。在这个过程中，虽然也能给企业参与者带来一些不错的启发，但还是留下了很多遗憾，对于私董会的运用也是粗糙的、不精细的。

2015年5月，我发起成立了私董导师01小组，至今已经三年时间了。在这三年里，小组导师成员不断在实践中成长，有时还会聚在一起，对私董会方法进行打磨。就这样一边实践，一边对方法论进行研究，时间一长，大家对私董会价值与运用的理解都发生了改变，逐渐成长为一群经验丰富的咨询人，拥有了和初期完全不同的思考、训练和实践方式。

虽然咨询行业里的从业者语言运用能力比较强，但是私董导师的基因里并不需要夸夸其谈，而是强烈需要私董导师引导私董成员自己开展研讨，体现以平等、自由、独立、多元为前提的共创价值。这三年里，我们的实践结出了丰硕的成果，其中，700多场内、外私董会的实践，与数十个平台的私董会协作等都可以算是佐证。

所以，愿意做私董会导师的从业者要不断探索，不仅要多参与实践活动，而且要善于总结提升私董会的方法，坚持"功夫在诗外"的理念。这样就可以积累下许多人生经验，做到"游历天下，研学天下，见识天下"。

2018年4月25日　上海

"场"内如何修炼，才能促进"场"外实践

> 私董会强调成员之间的平等、独立、开放、真诚等，如果在这种"场"内长期修炼，可以纠正私董们一些不适当的行为和思维习惯。再者，私董会的"场"也创造了开放交流的机会，对企业内员工之间进行更坦诚的交流沟通来说是件好事。

如前所述，私董会强调成员之间的平等、独立、开放、真诚等，如果在这种"场"内长期修炼，就可以纠正私董们一些不适当的行为和思维习惯，建立起私董会想要强调的价值理念和行为方式。

等到了企业内部，你的领导和工作研讨方式就会有所改进。比如，企业过去研究和安排工作时，完全按照你一个人的意图来做，其他人既不用讨论，也不用想关于某个问题的前因后果，你也不用对这一问题进行多角度的分析，不用他人提供更多的建议。这样安排工作不仅效率不高，而且解决问题的过程也不利于你的团队的成长。如果你一直这样指挥企业工作，对问题不探究，不耐心听取他人意见，时间长了，团队对你的依赖性会非常强，主动性也会变得非常低。

而私董会对这一现象能够起到一定的纠正和抑制作用。老板们在参加完外部私董会后，觉得自己有了不小的收获，于是开始模仿私董会的程序和方法，在企业内部自行运作私董会。有的老板真心愿意用学到的理念和大家交流，大家自然也愿意放开交流，环境和氛围被创造出来后，畅所欲言的局面就会出现，内董会也就基本能顺利地进行下去。

有的老板则反映私董会很难在企业里运行下去。在会上讨论老板或者某一位高管议题的过程中，案主受不了刺激，对大家平时基本不会提出的问题和分析，产生了不自在甚至厌恶和难受的感觉。如果老板此时

沉不住气，按捺不住自己的怒火，急于辩驳、解释，参与私董会的员工们会立刻感觉到压力，不敢说出自己的真实想法，交流也就不会顺畅地进行下去。

为什么在内董会里会出现这种现象？对此我的思考是：

第一，内董会创造了"场"。由于有言在先，大家坐在一起就应当坦诚，不要遮遮掩掩，平时没机会说的都可以在这里说。所以，私董会的"场"创造了开放交流的机会，对企业内员工之间进行更坦诚的交流沟通来说是件好事。

第二，当人们受不了刺激，转而辩驳时，恰恰能反映出自己的修养水平。老板如果可以在事后对此进行反思，就能够看到自身的缺陷，并努力改变。这对老板自身和内董会来说都算是一件好事，大家可以在企业内部多做类似的尝试，或许能收到意想不到的效果。

当然，如果老板想避免上述情况出现，一种比较有效的方法是请第三方顾问来主持企业内部的私董会会议。因为按中国人的人性特点，都比较爱面子，觉得不能在外人面前丢脸。所以在外部顾问介入后，争辩应该不会那么激烈，大家会收着一些。这样，私董会就比较容易在企业里进行下去。

2016 年 11 月 26 日　青岛

私董会怎样推动教育与培训创新

私董会的传播，可以有效地推动教育与培训的创新。目前，私董会在这个领域里的实际操作呈现多元化，没有一个标准的统一模式。因为选择的方式不同，所以在操作过程方面有着比较大的差别，效果也是仁者见仁、智者见智，没有绝对完美的标准模式存在。

私董会的传播，可以有效地推动教育与培训的创新，其倡导的高端和私密性吸引了不少这个行业的老板参与进来。

目前，私董会在这个领域里的实际操作呈现多元化，没有一个标准的统一模式。有的创制出一种教育培训方式，有的做得像俱乐部，还有的除了一起探讨问题外，又增加了投资交易的功能。因为选择的方式不同，所以在操作过程方面有着比较大的差别，效果也是仁者见仁、智者见智，没有绝对完美的标准模式存在。

这为私董会的操作提供了无限的想象和创新空间，主要包括以下几个方面的内容：

第一，私董会应该造就出提升人生品质的能量场。推动大家建立"关怀式"的平等和坦诚交流、交往的思维，最终提升自己的人生境界。

第二，私董会应该推动提升人们多元思考问题的习惯。私董会能够促使每个成员学会平等、倾听，从而使成员们在各种场合，尤其是在自己公司，可以以更多不同的角度看待问题，培养自己多元看待问题的习惯。

第三，推动私董会里作为领导者的成员们主动反思自己的不足，纠正错误的思维。私董会这个"场"的主要作用，就是可以扭转你觉得问题的产生都是由他人造成的错误想法。待大家讨论过后，私董们就能发现：问题的产生绝大多数源自问题人（案主）自身。这种答案的刺激和冲击是令人难忘的，会直击你的灵魂。

2016年11月22日　北京

私董会如何让人们的认知回到真实状态

在我看来，困境出现时最容易让人们的认知回到真实状态。一次有效的私董会，可以观察出每个人这四种认知状态的情况如何。这些现象在私董会里出现并不奇怪，其核心在于这个"场"的作用如何。如果这个"场"一直是封闭状态，恐怕就只能有第一种状态产生，而开放研讨或许能引出后面的三种状态。坚持做下去，私董们的认知水平就会得到不断提高了。

最近，在私董会里有一种比较流行的说法，即"不知道自己不知道，知道自己不知道，知道自己知道，不知道自己知道"。有人还给这四种认知状态标上了比例，分别是95%、4%、0.9%、0.1%。

在我看来，困境出现时最容易让人们的认知回到真实状态。以企业为例，老板在经营企业时会遇到如战略困境、模式困境、人才困境、财务困境等问题；以私董会为例，在研讨时会遇到如"知其然而不知其所以然"、过去的经验无法解决新问题等问题。

一次有效的私董会，可以观察出每个人这四种认知状态的情况如何，尤其是前两种状态会迅速显现出来。第一种状态在案主议题被确认的那一刻就可以显现，比如认为自己对议题已经有了充分的认知，没有自己不清楚的东西，甚至认为自己不需要经过基本的程序就可以直接给出建议。这时，这位私董的自信是溢于言表的。随着时间的推移，开始提问环节后，这位私董突然发现自己不会提问了，只能重复别人的提问、用自己的经验进行诱导式提问等。在不善于根据前面发言者的问题追问，甚至一时语塞，不知道自己该提问什么时，就会进入第二种状态。会出现原本以为清楚的事，怎么就复杂了呢的疑问。疑惑产生后，这位私董就会对私董会产生敬畏之心。这时他就会想起私董导师之前的提醒：学会倾听和放下。

私董会可以让人们逐渐发现自己"不知道"的状态，学会谦虚。随后，私董们大多也会出现"知道自己知道"和"不知道自己知道"这两种状态。"知道自己知道"的状态在碰上私董们熟悉的行业或具体问题时，会表现得尤为明显。因为自己不仅经历过，而且已经有了比较系统的思考，加上现场的充分讨论，所以能确定这个问题应该建立怎样的思路，如何去执行。这时的建议对案主来讲就会很有价值。

同样，"不知道自己知道"的状态也会在私董会里发生，这是由于现场的激励讨论甚至冲突，会让私董们的脑洞大开，重构现象常常发生。这时，私董们对议题讨论的认知便会得到提高，出现原本认为"不知道"的问题，怎么自己就"知道"了呢的状态。

在我看来，这些现象在私董会里出现并不奇怪，其核心在于这个"场"的作用如何。如果这个"场"一直是封闭状态，恐怕就只能有第一种状态产生，而开放研讨或许能引出后面的三种状态。坚持做下去，私董们的认知水平就会得到不断提高。

2017年5月4日　北京

怎样做到深度参与，实现更大的自我价值

一位私董成员愿意并能够深度参与私董会的研讨时，他就能收获更多的关于自我价值的成果。深度参与不是一件容易

做到的事，尤其是在一个正式的私董组织里。深度参与需要私董会里的所有成员一起修炼，其中，态度修炼与方法修炼同等重要。

一位私董成员愿意并能够深度参与私董会的研讨时，他就能收获更多的关于自我价值的成果。其中，深度参与有以下几个表现：

第一，努力放下自己，放平自己，积极投入每个环节的讨论。对案主或其他私董的回应是积极的，态度是真诚的。

第二，不仅态度积极，还能从其他私董与案主的现场研讨环节对话中发现新信息，并能敏感抓住信息点开展追问，将问题引向深入，或引向一个新的视角，增加问题的讨论广度，多视角地看待问题。

第三，身临其境，将案主的问题自觉或不自觉地当成自己的一面镜子。敢于在现场通过自己的各种发问、分析、建议和体会，解剖自己的缺陷，有些是隐含的（提问、分析阶段），有些是直接的（议题提出、建议、体会阶段）。

深度参与不是一件容易做到的事，尤其是在一个正式的私董组织里，包括由企业家组成的外部私董会和由企业内部决策与高级管理层组成的决策层和管理层私董会。深度参与需要私董会里的所有成员一起修炼，其中，态度修炼与方法修炼同等重要。对态度修炼的根本在于建立平等性、共创理念、对私董会有正确的价值认知，以及对私董会程序保持敬畏心。

而方法修炼是一个逐渐积累的过程，成员们只有在态度端正的基础上，才能对方法进行有效的修炼。积累的过程主要有两条路径：一个是在私董会过程中修炼，一个是在实际工作中修炼。所以，私董们需要在平时注意对能力的积累，并通过私董会表现出来。或者，当自己在私董会上表现得不尽如人意时，能够反思出是平时工作的修炼不够造成的。

换个视角来说，私董会上的所有表现就是私董们实际工作方式或能力的再现。这个事实需要引起大家的反思和思考。比如不能顺畅地提出自己理想的议题，就可以反映出以下几个问题：

第一，态度不够真实，不愿暴露自己。

第二，思考不够，洞察不够，问题模糊。

第三，问题表达能力弱，不能清楚简单地表达出问题。

在私董们分析出自己的问题后，就要通过私董会的方法逼迫自己做出反思：

第一，反思自己参与私董会时是不是全身心地、彻底地投入进去了。如果没有，就要找出原因，自己做一个评判，争取下一次改进。这样，每改进一次，能力也会提升一次，对他人的贡献就多一些。

第二，反思自己在私董会上出现的问题。检查自己在日常工作中是不是也有同样的问题存在，如果确实有，就需要下功夫进行改善。如果工作思考方式与行为方式不断改进与修炼，工作效率和成果就会得到提高，私董会的基本目的也算是达到了。

2017年9月3日　北京

为什么说私董会的检验功能强大

无论是内部决策层私董会还是企业家私董会，其本身的议题提出及研讨，都扮演着现场调研与分析解决问题的功能，同时也扮演着对案主及私董会成员的检验功能。减少对与议题紧密关联的信息的调研，会增加私董会的不确定性，也会增加私董会的魅力和价值。

无论是内部决策层私董会还是企业家私董会，其本身的议题提出及研讨，都扮演着现场调研与分析解决问题的功能，同时也扮演着对案主及私董会成员的检验功能。

如果议题被提前确定，是否需要围绕这个被确定的议题，事先对私董成员个体或者其所在企业进行详细调研呢？我的建议是可以弱化这个动作，不必进行详细的调研。如果一定要调研，那也只用对企业的基本情况有所了解即可，比如成立时间、基本构架、人员基本情况、业务结构、发展目标等。对于与议题相关联的核心问题，则可以留到私董会现场再进行探讨。

减少对与议题紧密关联的信息的调研，会增加私董会的不确定性，也会增加私董会的魅力和价值。这主要体现在：

第一，私董会现场扮演的调研功能，其本身可以反映出私董成员的多项能力，包括提问、分析、倾听、建议等，背后则是私董成员洞察力的体现。

第二，事先调查得越深入，越有可能出现先入为主的现象。依据在企业现场调研得到的一些未必真实的信息和判断，并带入到现场各个环节的话，会导致私董成员对倾听私董会现场的情况产生懈怠，这样的私董会有很大的缺陷存在。

第三，对案主来讲，有一个陈述议题相关信息的环节需要格外引起重视。过去的一些私董会给予案主的陈述时间过短，往往只有几分钟，现在则可以延长到30分钟，如果是内部私董会，可以延长到50分钟。案主只需要根据私董会的研讨内容灵活掌握即可，虽然延长了陈述的时间，但是案主依然需要培养自己现场陈述的能力，这本身就是一种检验。所以，延长陈述议题的时间不是关键，关键是对自身能力的提升。

不对议题相关信息开展事先调研，就不会出现照顾实际情况或者照顾案主面子的事先预设，也就不会给议题提前定下基调，比如该如何讨论、往什么方向走等。私董会如果做成了表演会，就会失去私董会的真实性。现场的讨论变数减少后，私董会现场便会毫无生气。

2017年9月13日　济南

私董会的头脑风暴不受权威限制

> 私董会就是一种极富价值的实践，通过大量、持续的实践，私董会方法自然会被改善、丰富、提升。私董会的不确定性，加深了这种方法的趣味性和探索性，使实践变得异常丰富。私董会力求平等、自由交流的主题和程序上的保障，都可以使每一个加入私董会的成员有机会表达自己的真实想法。

实践可以检验一种方法的价值，实践也可以不断改善和丰富一种方法，并持续提升这种方法的价值。私董会就是这样一种实践，一种极富价值的实践。通过大量、持续的实践，私董会方法自然会被改善、丰富、提升。

一种新方法的实践一定会被老方法比较、评价。私董会算不上新方法，只是进入中国晚了一些，但在中国的实践却是丰富的。这也表明只要是有价值的东西，人们就不会停止对它的实践和探索，只要注意别滥用即可。

开一场研讨会，过去常用的方式是头脑风暴。可以是一群人在一起头脑风暴，或者分成若干小组分别头脑风暴，再聚焦问题、总结问题，形成一些结论。这对企业来说，是一种十分有效的方法。在私董会引入中国后，我发现这种方式似乎更有价值，也更有效。其有效的根本点就在于"遵循程序，限制权威，多元共创"。

过去的头脑风暴法，大多还是权威说了算的。除权威外的其他人的头脑风暴在没有程序的约束下，还是受了限制。这个限制是在一开始研讨时，由主持会议的权威者提出的。私董会方法却无法人为进行控制。受控的只是"私董七步法"这个程序，不受控的是多元、独立思想和分析等。私董会的不确定性，加深了这种方法的趣味性和探索性，使实践变得异常丰富。

开一场私董研讨会，不论是何主题，都可以设定案主。案主就是那个想解决问题的人，可以是一个人，也可以是一群人（比如董事会、决策班子等）。私董导师团队可以向群案主的领头者发问，也可以向群案主的所有成员发问。问题越多、越深入，事实便越清楚，更有利于启发案主解决问题。

而普通的研讨方法很容易进入经验提供状态，导致权威发挥太大作用，其他人便会三缄其口默不作声，这样会失去研讨的价值，甚至会扭曲研讨的结果。在私董会方法面前，这样的经验会受到强烈约束。私董会力求平等、自由交流的主题和程序上的保障，使每一个加入私董会的成员都有机会表达自己的真实想法。

如果有人想挑战私董会程序，该说话时不说话，那么无需多长时间，你会觉得自己太没有诚意了，别人是有同理心地关怀案主，你却在一旁"冷眼旁观"。这个"场"一定会让你感到孤独，这种孤独不是他人造成的，是你自己内心世界不够开放、不够真诚导致的。私董会的过程在弥补着这方面的缺陷，只要参加私董会，每个人都会经历类似的过程。

2018 年 5 月 14 日　北京

深挖内心深处的想法，助推企业家精神修炼

> 私董会可以助推企业家的精神修炼。企业家的精神修炼内容是广泛的，私董会可以通过一套有体系、有程序的方法，修炼企业家精神中有关创新、包容、冒险、奋斗、坚韧、反思、匠心、担当、协作等关键要素。

私董会可以助推企业家的精神修炼。一群创业者、决策者长期结成伙伴在一起，就各自关心、纠结、痛苦的问题展开真实、理性、充满激情的讨论，会极大改善这个群体的思考方式和领导方式。

没有什么"场"可以像私董会那样肆无忌惮地对自己进行解剖，直至思想深处，挖掘自己内心最真实的想法，刺激自己清醒，反思过往在领导方式上的问题和缺陷。无论是什么样的话题，都必然会引发私董们对自己实际领导行为的思考。

比如投资一项新业务时，自己抱着何种心愿，扮演何种角色，自己的行为对公司发展、对员工利益、对社会贡献等会产生什么样的影响，这些思考在私董会"场"内与"场"外都会有不同程度的修炼。修炼到位，必然会改善自己在公司工作时的领导方式。

企业家的精神修炼内容是广泛的，私董会可以通过一套有体系、有程序的方法，修炼企业家精神中有关创新、包容、冒险、奋斗、坚韧、反思、匠心、担当、协作等关键要素。使创业者、决策者这些对企业命运有着决定性作用的群体不断得到修炼，从而改善企业家精神的特质，以此推动组织进步，并健康、持续发展。

2018年5月18日　北京

私董会终结一切纠结

私董会这个"场"似乎可以在终结纠结这件事上有一些突破。一场私董会开始，纠结的问题被提出来后，私董们便围绕这个问题提问、剖析、建议。在这个过程中，案主如果可以用心听、用心感悟，很容易就会"顿悟"。无论是思想上的纠结，还是方法上的纠结，都能在私董会里找到解决纠结的思路与方法。

私董会可以解决私董成员正在纠结的事情吗？能在多大程度上解决纠结着的问题呢？

在我看来，纠结可以理解为：长期困扰，想摆脱可总是存有犹豫，想到很多办法可是总是难以奏效，自己总是会找到纠结的理由，等等。

纠结可能导致并在时间作用下加重无奈、无助、无解的情绪。私董会这个"场"似乎可以在终结纠结这件事上有一些突破。前提的核心要素还是那套程序（"私董七步法"），没有程序，私董会同样也会缺少足够的力量。坚守程序，我们便容易获得平等、关怀、开放、多元、共创、自由发表看法的氛围。而当我们获得这种氛围后，程序会被更加尊重，纠结也就有可能迎刃而解了。

一场私董会开始，纠结的问题被提出来后，私董们便围绕这个问题提问、剖析、建议。在这个过程中，案主如果可以用心听、用心感悟，很容易就会"顿悟"。这是因为多元的视角，让我们看到了平日里看不到的东西，它会很自然地挑战我们过去既有的经验，挑战我们固有的思考方式。

即使我们仍然想坚守过去，也难以抵挡住来自其他私董的源源不断的刺激，这就是"场"的作用。这个"场"由一群真心、开放、有着不同经历的人聚集在一起，其力量和智慧不可限量，在一套程序中不断演绎着不同的精彩故事。

私董会方法已经成为企业家、创业者、不同层级管理者、专业工作者应当掌握的方法与工具。对这样一种方法，每个群体和组织都需要潜心实践，并不断总结、提升。等到"场"的力量和智慧能极大地释放出来后，终结一切纠结才会成为可能。

这些纠结也许在私董会里根本不算什么要紧的方面，消灭它或许只是时间问题。无论是思想上的纠结，还是方法上的纠结，都能在私董会里找到解决纠结的思路与方法。虽然不能一下子就完全彻底地解决，但只要能找到并突破问题核心，理清了思路和具体路径，再辅以私董会以外的其他方法，或许纠结的问题就能被彻底解决了。

2018年6月16日　北京

第四章

私董会需要什么样的导师

私董导师需要懂什么

专家私董会培养的私董导师一定是懂企业、懂企业家、懂社会、懂人文、懂专业的人。专家私董和企业家私董其实有着相似的心理，即通过私董会解决长期困扰自己的问题。可是，直截了当的解决方法却不能通达问题的本源，私董们必须通过一步一步地深入提问和解析，才能达到理想的高度和预期。

专家私董会培养的私董导师一定是懂企业、懂企业家、懂社会、懂人文、懂专业的人。他们是一定意义上的杂家，这种杂家有专业、有思想，不会只靠某种培训技术简单地走流程。所以，造就这样一个群体着实不易。

一些企业界私董朋友曾问我，专家私董会通常会选择什么主题？我的回答是，我们的私董会选题很广泛，既有专业的，也有生活的，更多的是与民营企业发展与管理相关的内容。通过对这些主题进行严格的私董会程序化的讨论和私董夜话的漫谈，达到解剖问题、深化认知的目的。

基于以上主题，私董导师们在讨论的时候，通常也会非常发散，期望通过发散的询问获得更多与自己相关联的信息，在提问、解析等环节中，既帮助了案主，也清醒了自己。

需要深究的是，当一个专业主题被讨论时，人们通常会在问题解剖过程中发现，原来出现的一些专业问题，更多源自专家自我的定位和对专家为什么要做这件事的认知。讨论进入这个层面后，私董会的价值也会不断提升。如果只停留在对专业问题本身的讨论，私董会的价值就会减少很多。

专家私董和企业家私董其实有着相似的心理，即通过私董会解决长期困扰自己的问题。因此，他们希望直截了当地解决专业问题。可是，直截了当的解决方法却不能通达问题的本源，私董们必须通过一步一步地深入解析问题，才能达到理想的高度和预期。而这个高度和预期的实现，有可能不是一开始我们想象的答案，更不是具体工具的提供或呈现，而是对问题背后逻辑的重新思考和建构，这个层面解决了，用某种工具解决问题就不是一件难事了。

2017年4月17日　宁波

私董导师的称职条件

私董导师应当具备的能力有：倾听能力，只有听清了其中的奥妙，才能有效引导现场的讨论；控场能力，能够顺其自然地、有底线地控场，对私董导师来说非常关键；丰富的知识体系和商业经验，导师的知识和经验丰富，对于现场突发情况的判断能力就会增强；语言表达能力，清晰的表达和引导，需要导师做到表达吐字清晰，内容通俗易懂。

一位称职的私董导师应当具备以下几种能力：

第一，倾听能力。如果不能静心听现场正在演绎的各种声音，私董导师是无法引导现场开展讨论的。他们需要了解发言者的真实意图，清楚发言者的提问、解析和建议，明白案主的解读、解释和辩解。导师们只有听清了其中的奥妙，才能有效引导现场的讨论。

第二，控场能力。能够顺其自然地、有底线地控场，对私董导师来说非常关键。就像一场足球比赛，不可预测的地方很多，现场情况究竟会怎样发展，主要要靠裁判的引导和指挥。何时吹哨叫停提醒，何时出黄牌、红牌，都需要裁判做出准确的判断。而且，裁判还要尽可能保证场上比赛的流畅性，不能由自己完全主导比赛的进程。

一场精彩的比赛往往是球员的拼和裁判的控二者共同构成的，私董导师也是一样，何时沉默不说，只听、只看；何时给一些身体语言，表示肯定或反对，都需要私董导师们给出合适的反应，并控制好会议的流程。

第三，丰富的知识体系和商业经验。导师的知识和经验丰富，对于现场突发情况的判断能力就会增强，可以辨别出哪些与议题关联度高，哪些关联度相对较低。

如果是知识和经验丰富的导师，很容易就可以抓住要害，进行现场引导，达到讨论流畅。并且可以突出重点，引发即时的、新的思考的局面出现。

第四，语言表达能力。清晰的表达和引导，需要导师做到表达吐字清晰，内容通俗易懂，不能故作高深地使用大量生僻的语言。此外，导师还需要注意节奏问题，尽量使人听起来比较舒服。

一场私董会讨论，对参与其中的每一位私董的精力和体能来说都是考验。时间长了，人们在精力不济的情况下，稍一走神，就无法听清导师在讲什么了。这时，私董导师的语言魅力，就可以吸引私董们调整精神状态，将思绪重新拉回到讨论现场。

2017年4月20日　深圳

群体导师出场，效率、效果倍增

私董会要改变一个私董导师打天下的局面，群体导师的出场将有助于私董会效率的提升和效果的增强。私董会里的群体导师，是指在观察员机制基础上，升格为多导师同时主持一场私董会活动的形式。尝试"群体导师"的方法，可以在一定程度上减缓目前优秀私董导师供应不足的局面。

私董会要改变一个私董导师打天下的局面，群体导师的出场将有助于私董会效率的提升和效果的增强。

前两年，我提出过设立私董会观察员机制，即在私董会现场设立导师观察员，参与现场研讨，目的是对各环节起到画龙点睛和雪中送炭的效果。实践证明，这个方法是有效的，但也存在一定的问题。在修改了部分的机制后，群体导师的概念诞生，成为代替私董会观察员机制的好方法。

私董会里的群体导师，是指在观察员机制基础上，升格为多导师同时主持一场私董会活动的形式。比如两名导师同时主持私董会时，可以一主一辅，共同控制私董会的过程。

两名导师同时主持一场私董会是完全可行的，它的优势至少有两点：

第一，两名导师的风格不同，会让其他私董们拥有新鲜感。

第二，两名导师可以相互补充，不至于出现一个导师懵圈，短暂"休克"时，产生引导不力的情况出现。

群体导师存在的缺陷是，现场私董成员因不适应两名导师不同风格的引导，在两种不同的风格下自如切换自己时还有些难度。

尝试群体导师的方法，可以在一定程度上减缓目前优秀私董导师供应不足的局面。双导师制或多导师制，可以形成团队主持，比一个导师主导的私董会讨论生动活泼一些。

2017 年 8 月 17 日　广州

私董导师如何适当"越俎代庖"

　　私董导师不仅要引导他人如何发言，也要适时扮演私董的角色，对议题做出自己的判断与建议。在私董会进行过程中，私董导师需要适时进行一些改变，通过即时发现、有针对性和有价值的引导，激发现场研讨的热情和深度思考。当然，私董会有其基本运行规则，私董导师不能完全"越俎代庖"，超越界限替代其他私董成员。

私董导师不仅要引导他人如何发言，也要适时扮演私董的角色，对议题做出自己的判断与建议。如果私董导师只是纯粹扮演引导者，就会浪费很多私董导师的价值。

虽然私董导师在引导私董成员积极发言、信任他们可以达到某种境界、刺激案主反思与改善，甚至促进案主对某一问题或自身领导方法的变革等方面作用突出，但是在私董会进行过程中，私董导师也需要适时进行一些改变，通过即时发现、有针对性和有价值的引导，激发现场研讨的热情和深度思考。其中就包含了私董导师的适度、即时的专业点评，这些点评是极其短暂的，可能只有几十秒的时间。但是，这些点评会燃起现场的研讨激情，或者引起私董们对该问题更加深入的思考和研讨。

上述情形能否出现，与私董导师的洞察力强弱和专业素养高低密切相关。如果私董导师只有一些所谓的程序性的引导技术，那么他恐怕难以达到私董会成员们希望到达的高度。

当然，私董会有其基本运行规则，私董导师不能完全"越俎代庖"，超越界限替代其他私董成员。他们一定要守住底线，比如上面提过的评点时间不宜过长，尽量不要超过整个私董会时间的20%，如果能控制在会议时间的15%以内则为最佳。

当然，对于私董导师的点评时间没有明确的规定，需要根据遇到的具体情况进行具体分析，不要完全照搬别人的经验。私董导师们也需要多多实践，通过实践来调整自己的点评时长，以促进私董会及其成员们更好地成长。

2017年9月14日　北京

如何培养自己的准专业导师

> 专业私董导师就像一个职业经理人，或者是职业导师，其使命是培养出内部准专业导师，让私董会组织实现自运行。无论是企业家私董会，还是企业内部的决策与管理层私董会，都要重视对组织内部导师的培养。

虽然专业导师在企业家私董会组织中扮演着重要的角色，但他不应当成为永久性的角色，否则这个私董会组织的运行就是失败的。

在我看来，专业私董导师就像一个职业经理人，或者是职业导师，其使命是培养出内部准专业导师，让私董会组织实现自运行。因此，他不是永久陪护，而是阶段陪护，是一个过渡性的角色。

目前存在的问题是，私董会组织里的成员自我意识较弱，这是专业导师的"饭碗"，也是专业导师的困境。"饭碗"是指专业导师的机会较多，组织对他的依赖性很强；困境是指有价值追求的导师会希望这个组织有一天可以自我运行，脱离专业导师的指导。

所以，专业导师不应该太看重私董们是否会离开你，而是要解决私董们不能独立运行私董会组织的问题。这个情怀有了，组织的价值就会被挖掘出来。如果只是"饭碗"被强化，那么这个私董会就不会长久。

下面，让我们换个视角来看这个问题。私董会组织类似于一个微型的企业学院，这里面包括专业导师、学生、管理者、服务者等角色。企业学院更多强调自我运行，包括培养更多自己的学生成为老师。因为这里的学生大多是具有不同程度的商业和管理经验的领导者、管理者，所以他们成为老师是天经地义的，既是责任，也是一种自我提升。如此，这个组织才能长久运行下去。

一个私董会组织对专业导师的依赖可以理解成对私董会的一种合理的专业分工。当私董会组织的自我意识弱化之后，"准导师"的诞生就变成一件很困难的事，对组织健康发展完全没有益处。

所以，无论是企业家私董会，还是企业内部的决策与管理层私董会，都要重视对组织内部导师的培养。这既是组织健康运行的需要，也是专业导师的职责。

2017年9月15日　北京

观察员怎样成为主持导师的重要补充

先当观察员，再成为私董会主持导师，应是企业家身份的私董导师的正确发展路径。在私董会中，观察员与私董主持人是一个小团队，只不过在一场具体的私董会中扮演的角色有所不同。如果企业家群体能热爱私董会工作，并积极扮演观察员、私董主持人的角色，就会使自己在企业中主持研讨的工作能力和素养得到大大的提升。

先当观察员，再成为私董会主持导师，应是企业家身份的私董导师的正确发展路径。私董会应该致力于将企业家中热爱私董会工作的人吸引到私董导师群体中来，这对于私董会工作品质的提升大有益处。

当观察员不是一件轻松的事。首先，私董会要求观察员不能分神。现场活动一般要好几个小时，观察员需要做到聚精会神，认真倾听每一个人的发言，仔细观察每一个人的表现，即时发现线索，并进行提问、追问、分析和建议；其次，观察员要与私董主持人互补，能即时发现主持人的缺陷，以及私董成员们研讨中的遗漏或闪光点，并精准、犀利地开展追问、分析，引发现场研讨的活力。

所以，观察员与私董主持人是一个小团队，只不过在一场具体的私董会中扮演的角色有所不同。这种不同只是分工而已，运用好了，将来会出现主持人与观察员互相交换角色的局面，这也可以有效增加私董会的活跃程度。

更为关键的是，如果企业家群体能热爱私董会工作，并积极扮演观察员、私董主持人的角色，就会使自己在企业中主持研讨的工作能力和素养得到大大的提升，并改变过去可能存在的"一言堂"行为，学会倾听，吸收其他人更多的意见和建议。而且，这样做也会促进企业团队内部的积极研讨，更容易形成提出各自独立想法的良好氛围。

2017年11月10日　北京

短训可以培养私董导师吗

私董导师可以通过集中训练达到某一个层次，并顺利"上岗"。对私董导师的训练在选材时会考虑其职业经验和专业水平，并相应设定一些基本条件，目的是为了让参与者更快更好地获得私董会活动运行能力。

从去年下半年开始，有不少企业学员和专业朋友问我，能否通过短训班的方式学习私董会，并成为私董导师。对此，我的回答是，私董导师可以通过集中训练达到某一个层次，并顺利上岗。

这是因为，对私董导师的训练在选材时会考虑其职业经验和专业水平，并相应设定一些基本条件，目的是为了让参与者更快更好地获得私董会活动运行能力。虽然私董导师看起来是通过一段时间训练出来的，但实际上这是一个长期积累的释放过程。

在现实中，"功夫在诗外"的情况更多一些，不是短训班造就了导师，而是平时积累成就了导师。这可以有效消除那些投机者短期获得高水平的幻想，从而转向长期修炼的正确轨道。

哪些条件可以在短期内造就一个好的私董导师呢？

第一，职业经历丰富者。尤其是具备企业创业、管理经验，以及管理咨询、培训经验者，他们更容易进入私董导师的群体。

第二，专业技能跨界者。懂得一门专业技术是基础，最好知识能更丰富一些，专业技能掌握得更多一些。这种一专多能的跨界者更容易成为优秀的私董导师。

第三，热爱私董导师这个职业。愿意付出更多热情，甚至全身心投入其中，善于研究和总结各种私董会的运行方法，并敢于进行新的实践。

第四，思维开阔、开放。愿意遵循私董会的独特规则，而不是依靠自己过去的思维方式和经验开展私董会工作。

这些条件只是基础，不需要私董导师同时具备，而且还要看每个人的努力程度和悟性高低。基础好一点的，可能进入角色会快一点，反之则会慢一些。当然，也有悟性高的，努力程度超过常人地热爱私董会的人，他们会超出人们的想象，快速成长，并能够在较短时间里获得专业机构和企业家群体的认可。

2018年3月9日　北京

私董导师对私董会的作用

> 我更推崇的是外部导师在私董会运行初期发挥的作用，即对私董们的"插播"作用，而不是长期"不离不弃"。这样私董会在运行一段时间后，就有可能脱离外部导师，自己组织活动，这种局面更有利于私董会长期有效地运行。私董导师水平的高低，一般可以通过分级、分段、评星等手段进行有效区分，表达出私董会成员对私董导师的需求和期望。

想要成为私董会导师，入门并不难，难就难在如何变得精通。比如有人想主持好一场私董会，只要坚持了大家都认同的"私董七步法"，完整地按流程走一遍，这场私董会基本就算做成功了，至于私董会的深度和对私董成员的影响，就得另当别论。

私董导师水平的高低，一般可以通过分级、分段、评星等手段进行有效区分，表达出私董会成员对私董导师的需求和期望。人们来到某个私董会平台，目的是获得深层次的学习和体验，无论是思维方式的修炼，还是方法工具及其背后逻辑的掌握，或者是通过对具体问题的研讨获得自身生命品质的提升等，成员们都希望私董导师能够给予他们更多的引导，在重要时刻时能够提供一些画龙点睛般的点拨。

虽然私董导师对私董会的引导价值是显而易见的，但是私董会成员能否形成自组织运行，依然是私董会能否成功的关键。所以，我更推崇的是外部导师在私董会运行初期发挥的作用，即对私董们的"插播"作用，而不是长期"不离不弃"。这样私董会在运行一段时间后，就有可能脱离外部导师，自己组织活动，这种局面更有利于私董会长期有效地运行。

目前，上述理念还没有得到普遍关注，在实际运行中也还存在一些困难，比如有一些非专职的私董导师，由于缺乏必要的专业思维和技能训练，在研讨问题时不能有效引导成员进行更开放的讨论，而且喜欢运用自己的经验来做判断，甚至出现完全按照本人意愿开私董会的局面，导致私董会不能体现出多元、平等，私董成员们也不能自由地发表独立观点。久而久之，就变成了权威私董会的研讨模式，这恰恰是最需要避免的一种绝对错误的私董会模式。

产生这种现象的原因，主要是由私董导师的身份决定的，因为他们本身是企业家，又要在私董会里扮演私董导师，在两个角色间转换时出现问题也是正常的。如果有一天他们能够自如地切换角色，那么，由这些私董导师引导的私董会就算走上正轨了。

2018年3月8日　北京

第五章

称职的私董会导师这样炼成

真心反思自己，解决他人问题

想成为私董导师，需要的是长期修炼。这项修炼不是简单的对私董会程序的修炼，而是对主题内容、对自己思维和行为方式的修炼，自己修炼好了，才有可能成为真正的私董导师。一个优秀的私董导师，一定是一个具有思想性、开放性、创新性、自信心的专家。

专家私董会的目的是培养私董导师，想达成这一目标，有两点很重要。

第一，学会如何主持私董会。学习的方式有两种，一是学习基本程序，即所谓的"纸上谈兵"；二是在专家私董会上当主持人，通过实战体会私董会。

第二，通过专家私董会方式，自己当案主。这样可以充分体验私董交流的全过程和核心内容，从激烈的讨论中，体验私董们现场对自己的解剖。

以上两点，第一点很容易达成，按部就班训练即可。第二点更为重要，但也更难达成。

专家案主往往都会自我感觉良好，很容易固执己见。总认为自己是对的，看起来是个案主，却难以快速进入私董会的讨论状态，喜欢自我设置障碍，试图解释和屏蔽他人提出的不同意见，这些都会导致私董会的跑偏。

如果不改变这种状态，私董成员想成为私董导师是非常难的。即使成为私董导师，造诣也不会太深。自己不愿开放，不能真心反思自己，这样如何能解决他人的问题？想成为私董导师，需要的是长期修炼。这个修炼不是简单的对私董会程序的修炼，而是对主题内容、对自己思维和行为方式的修炼。自己修炼好了，才有可能成为真正的私董导师。

如果只想靠走走流程和一套说辞，就主持一场精彩的私董会，实在是太难了。一个优秀的私董导师，一定是一个具有思想性、开放性、创新性、自信心的专家。

我在实践中发现，一场专家私董会，不仅会刺激专家案主做出反思，对参会私董也有同样的刺激作用。这样的刺激反复进行几次后，专家私董也有可能成为一名优秀的私董导师了。

2017年4月19日　杭州

允许出现"混乱"和"七嘴八舌"

私董会现场导师的主持工作，可以说千变万化，私董会的乐趣也在于此。私董会一定要在"私董七步法"的范围内按步骤进行，但其中每一步具体走多长时间，却没有明确的规定，完全靠现场导师的控制。控制得好，私董会现场就会显得张弛有度，问题讨论得热烈、有深度，为私董们提供更多的启发。

私董会现场导师的主持工作，可以说千变万化。比如，人多人少不一样，熟悉程度不一样，男女比例不一样，年龄大小不一样，所在地区不一样，财富多寡不一样，等等。私董导师每一次面对的私董会都不尽相同，就是由上述众多的"不一样"造成的。

私董会的乐趣也在于此。私董会极强的不确定性包含在私董会讨论程序的大框架里，私董会一定要在"私董七步法"的范围内按步骤进行，但其中每一步具体走多长时间，却没有明确的规定，完全靠现场导师的"控制"。控制得好，私董会现场就会显得张弛有度，问题讨论得热烈、有深度，为私董们提供更多的启发。

如果私董导师完全拘泥于"私董七步法"的规定，对每个人都严格限定发言时间、发言方式，就会出现私董们短路、卡壳的现象。现场讨论不流畅，会场气氛融洽度就会降低，导致私董们的观点不能被及时、猛烈地提出来。

就像有的私董成员曾告诉我：本来他听了其他私董成员的提问后，自己立刻有冲动想马上提问，可是私董导师要求按程序来做，过了一会儿他自己就把刚才想问的问题忘光了。或者轮到自己时，只允许提一个问题，这时他的冲动已经过去了，提问兴致也降低了，本来该提的问题也许就不愿意提出来了。

私董会里这样的情况不在少数，如果反复出现，会减弱现场的讨论效果，影响现场私董成员的融洽度。没有规矩不行，会乱；有了规矩，完全按规矩行事也不行，会僵。

私董导师想做到张弛有度，就需要长期修炼。关键是要做到以下几点：

第一，"私董七步法"必须走完。

第二，要求私董们提出清晰的问题，如果跑题不是太远，就可以多提、及时提。

第三，允许打乱问话秩序，插话也可以被允许。但要求发言前举手示意，以示尊重。

第四，讨论热烈时，可以允许一些混乱。七嘴八舌未必是一件坏事，至少可以体现现场的积极性和帮助案主的热情和诚意。当然，这一点对私董导师来说就算比较难的考验了。

2017年5月24日　上海

一定要懂得追问，不能"你讲你的，我问我的"

案主的一个议题在研讨过程中，会突然冒出一些精彩的提问或分析，需要私董导师、观察员、私董成员们立即抓住它，并实施追问。在追问环节里，私董成员往往不太习惯追问，尤其是根据现场刚刚发生的情况（信息）进行追问。在私董成员不能即时发现时，主持导师必须敏感地抓住这个精彩环节，适当地挑起一些"事端"。

私董会现场需要三个不同角色的专业引导力。第一，是主持导师的专业引导力；第二，是观察员的专业引导力；第三，是私董成员的专业引导力。

上述三个角色如果能在私董会过程中，敏锐地抓住私董成员提问、分析、建议等环节的亮点发言，就可以直接提升研讨的品质。

我在私董会实践中发现，在追问环节里，私董成员往往不太习惯追问，尤其是根据现场刚刚发生的情况（信息）进行追问。这里分为两种情况，一种情况是自己事先准备好了问题，并且提前做了假设，等第一个问题问完后，如果案主回答的信息与你事先假设的不一样，甚至完全出乎你的意料，此时你就会有些卡壳了。这时，你是继续问自己提前准备好的问题呢，还是顺着案主的新信息进行追问呢？显然，你需要的是追问，而不是"你讲你的，我问我的"。

另一种情况是其他私董问的问题已经产生了新的信息，这些新信息对自己将要提问的问题会产生两种影响，一种是给出了自己想提问的问题的答案，另一种是产生了延伸的问题。如果私董成员足够敏感，就会即时调整问话，顺着新信息的方向继续追问，而不是重复自己的问题。

案主的一个议题在研讨过程中，会突然冒出一些精彩的提问或分析，需要私董导师、观察员、私董成员们立即抓住它，并实施追问。这种情况下追问的方式通常有以下几种：

第一，直接问与这个精彩提问相关联的其他问题，以探寻更多、更深的信息。

第二，夹叙夹议，简短猜测前面发言的私董的问话意图，追问他如何看待刚才的提问。

第三，直接追问他是否理解刚才私董对他（案主）的发问意图。

无论以上哪种方式，都可以提升研讨的氛围，增加研讨的专业价值。在私董成员不能即时发现时，主持导师必须敏感地抓住这个精彩环节，适当地挑起一些"事端"，这不仅有助于深化问题研讨，而且可以让它得到进一步的升华。

当然如果能够在现场复盘时，分析过程中出现的上述现象，也是一种弥补，对下一次私董会研讨将产生价值。

2017年9月20日　杭州

遵守底线，放手不放任

　　　　尽管私董导师会放下、放空自己，也假设和信任私董成员在现场会有诚意和能力研讨并贡献智慧，但是假设仍需要验证。如果放任不管，没有必要的限制和做出合理即时的引导，议题内容不仅会跑偏，还会漏掉现场私董的亮点发言，不利于将研讨引向纵深。

放手而不放任，是私董会导师在主持私董会时需要遵循的底线。

"放手"的含义是：

第一，前提是放下，就是放空自己，完全回到"场"内，只关注私董，不关注自己。

第二，信任私董成员，假设私董们愿意并有能力投入研讨，提出有价值的思考与办法，并解决问题。

第三，假设私董们会"犯规"，出现按自己套路（领导者经验与习惯）表现自己的现象，但相信现场不会因此乱套。

尽管私董导师会放下、放空自己，也假设和信任私董成员在现场会有诚意和能力研讨并贡献智慧，但是假设仍需要验证。如果私董导师在现场完全放手，不去适度引导和干预，就有可能出现下面的情况：

第一，乱套。即不按私董会的规则研讨，跳跃步骤，没有节奏。有人会长占话语权，有人则默默不语，这会影响更多人发表观点，引起反感也就在所难免了（注：据我的观察发现，出现这种情况的原因是现场的主持导师让私董们感觉，自己的发言没有受到限制，就会被默认为是有效的）。

第二，缺乏深度和广度。私董们按自己的经验和套路发言，不仅可能破坏"场气"，更重要的是有可能严重影响其他私董们发表独立的观点。

如果放任不管，没有必要的限制和做出合理即时的引导，议题内容不仅会跑偏，还会漏掉现场私董的亮点发言，不利于将研讨引向纵深（注：据我的观察发现，私董会组织在没有真正形成自组织运行之前，私董成员眷念自己经验的动机会更强烈一些，因此不会主动赞赏他人的观点，还会自觉引导其他私董成员按照他的观点进行研讨）。

2017 年 11 月 2 日　北京

自组织如何运行

　　私董会从诞生那天起，就不是一个完全通过外部导师运行的组织，它主要依靠的是自我运行。外部导师只是推手和真正意义上的"教练"，目的是动员组织解决自己的运行问题，而不是长期依赖外部导师的作用。私董会正式组织中的成员或组织者要觉醒，努力学会自己主持私董会的活动，主动扮演私董导师的角色。

企业家私董会组织最终脱离外部私董导师是一个趋势，私董会从诞生那天起，就不是一个完全通过外部导师运行的组织，它主要依靠的是自我运行。

如今，国内的私董会组织基本离不开外部导师的主持工作，这是一个缺陷，这样的组织很难持续运行下去。在我看来，外部导师只是推手和真正意义上的教练，目的是动员组织解决自己的运行问题，而不是长期依赖外部导师的作用。

如何摆脱外部导师左右私董会组织的局面呢？一个重要的条件是私董会正式组织中的成员或组织者要觉醒，努力学会自己主持私董会的活动，主动扮演私董导师的角色。

我计算过，通常一个正式的私董会组织，在依靠外部导师主持私董会5次后，就要基本脱离外部导师的引导，这种主动意识非常重要，否则自组织运行就是一句空谈。

这里说一下扮演私董导师的角色和与其相关的第三方角色认知问题。外部导师本来就是第三方角色，其由于自己的外部特性，可以比较好地扮演这个第三方角色。而内部成员的内部特性，使其扮演第三方角色的困难相对大一些。

"第三方"的含义是，不是站在自己的角度看问题，而是站在私董成员的角度看问题，想他们所想，急他们所急，不是为了解决自己的诉求，而是为了探寻私董成员的诉求，并组织成员一起解决问题。这一点对于私董会组织者和导师来讲都是一样的，两者都需要对这个第三方角色有深刻的认知。这不仅体现在会前准备工作上，还包括会中的主持工作，以及会后的跟踪反馈工作等。

外部导师比较容易进入这个角色，由于其持续的专业修炼，大部分外部导师的职业化角色扮演更贴近私董会组织特点需求。但是要做到与组织高度融合，又能保持独立主持的精神和状态，则需要长时间的修炼。

这里，还需要讨论一下外部导师的情感投入问题。外部导师要热爱这个组织，热爱组织中的每一个成员。不论他们是什么样的个性，不论他们是不是导师"喜欢的"或者"认为的"样子，导师都必须对他们倾注热情、热爱。这不仅包括对事业的热爱，还包括对这一群有活力的奋斗者的热爱。如果能做到这一点，外部导师的价值就会倍增。当然，内部导师更需具备这种特质。

我为什么推崇正式的企业家私董会组织要尽可能实现自组织运行呢？就是因为外部导师是引路者，是教练，他的使命和责任就是教会私董会组织内部人解决内部问题。唯有这样，外部导师对社会的贡献才会被放大。如果一直困于一两个组织内，将会对外部导师职业发展不利，更不利于私董会组织长期、有效运行。

当一个企业家私董会组织"摆脱"外部导师的主持后，也可以适时邀请这位外部导师参与观察员角色，"料敌观阵"还是能发现不少"蛛丝马迹"的，这会给私董会现场带来不一样的效果。

2017年11月7日　北京

如何专业深度引导

专业深度引导就是围绕一个议题研讨的各个环节中，私董导师都能够敏感抓住与议题相关联的核心问题，并能够即时引导，引发具有刺激性的研讨，促使案主、私董成员反思。如果私董导师缺少这种敏感性，抓不住那些具有专业深度引导价值的话题，私董会的深度就不能体现出来。

一场私董会的好坏与私董导师能否进行专业深度引导有很大的关系。什么是专业深度引导？就是围绕一个议题研讨的各个环节中，私董导师都能够敏感抓住与议题相关联的核心问题（有时只是案主回答提问的一句话，有时是某一位私董成员的一个发问、一个分析、一个建议），能够即时引导，引发具有刺激性的研讨，促使案主、私董成员反思。

专业深度引导体现私董导师的四项功夫：

第一，对企业与行业知识的积累厚度。

第二，对议题相关专业知识和经验的积累厚度。

第三，对现场信息的即时洞察与捕捉能力。

第四，敏锐、精确的表达能力。

忽略现场转瞬即逝的敏感话题是私董会中的常见现象，这对于一个会员私董会组织来讲要好一些，如果只是举办一次体验私董会，这种转瞬即逝现象确实很常见。产生这种现象的主要原因是私董们习惯提前准备自己的提问、分析和建议，等自己发言时，一定是先谈自己最想讲的话，因此，不能敏感捕捉现场正在发生的事情，如具有专业深度引导特点的话题很容易被忽略掉。

此时私董导师的价值就需要即时体现。如果私董导师也缺少这种敏感性，抓不住那些具有专业深度引导价值的话题，私董会的深度就不能体现出来，对私董们的刺激就会变小，私董会的价值就会减低。

2018年1月22日　北京

为什么说接受检验的过程是快乐的

接受检验的过程是快乐的，因为每一次私董会过程对自己都是一次历练，私董们越钟爱私董会，快乐的体验就越深刻。快乐只是一种情绪，它可以帮助每一个私董导师更加富有乐观精神、富有创造精神、富有不断进取的精神，批判和反思也是这种快乐情绪下的一种反映。

在私董会里，每个人都要接受某种检验，比如一场私董会下来，每个导师的角色扮演如何，是否精彩、恰当，经历过便知，无法伪装。

接受检验的过程是快乐的，因为每一次私董会对自己都是一次历练，私董们越钟爱私董会，快乐的体验就越深刻。即使是一场不完美的私董会，甚至是一场有不少缺陷的私董会，对于钟爱者来讲依然是快乐的。

当然，快乐只是一种情绪，它可以帮助每一个私董导师更加富有乐观精神、富有创造精神、富有不断进取的精神，批判和反思也是这种快乐情绪下的一种反映。

但是，我们不能盲目快乐，这样会迷失方向，失去改进的动机和时机。自己以为不错，实际上却有很多缺陷，但是自己并不敏感，失去对自己的有效观察，内心变革与改进的欲望不能被激活，改进目标不能被明确。久而久之，即使做了多场私董会，进步也不会太大，甚至会形成某种习惯和经验，落入俗套，无法自拔，最终失去服务他人的机会。

基于上面的原因，我认为，私董导师应当像企业管理者一样，有一个晋升的阶梯和标准，即使标准并不完美。这样有利于私董导师的个人成长，不至于服务企业家和企业管理者时"误人子弟"。如果一定要有一个阶梯，是否可以采取1~5星（级），或初、中、高、顶四级，亦或其他定级方式呢？这个方面的问题还需要探讨，虽然有一些可以借鉴的标准，但并不一定能完美地适合每个私董会。

私董导师还包括观察员，观察员也需要分级别、建标准。不同层次的观察员对于私董会研讨起到的作用是完全不同的，就如同企业董事会一样，董事的水平差异会决定一场董事会研究的结果，这个结果对于企业发展至关重要。

2018年1月25日　北京

导师不是主角，杜绝权威发布

私董会导师团的权威如何被限制，是一个从理念到方法都需要达成共识的问题。这个讨论过程需要导师提前认清：自己不是真正的主角。导师要有意识地对自己的某种专业权威状态进行自我约束，否则私董会的价值就会降低。最有价值的做法，是私董会小组的专家们要学会"潜伏"在企业家私董成员中，把自己的角色弱化，积极观察，敏感抓住要害问题进行发问和引导，这样做的效果也许会更好。

私董会导师团的权威如何被限制，是一个从理念到方法都需要达成共识的问题。比如，一些私董会小组会安排有一定影响力的专家担任一场私董会的观察员。

观察员在私董会小组确定本场交流主题后，会邀请相关专家进行类似于讲座性质的主题分享。如果只是分享，通常没什么大问题，问题是如果做了权威发布，对这个案主的议题如何讨论就构成了限制性的影响：现场私董成员是不是要遵循这位专家的权威发布（一定的框架和思路，甚至是很具体的经验）来讨论呢？这是个难题，因为它与私董会基因产生了冲突，尽管专家可能提供了不错的内容，但是它可能会不自觉地限制现场的自由讨论氛围的产生。

专家分享本是件好事，可是我们不能忘了，私董会本质上是由导师推动私董成员共创成果的。这里要有一个假设，就是导师相信现场的私董成员是有能力呈现自己智慧的，只要在这个场里，遵循私董会的程序，就一定会收获一定程度的智慧。

所以，这个讨论过程需要导师提前认清：自己不是真正的主角。导师要有意识地对自己的某种专业权威状态进行自我约束，否则私董会的价值就会降低。

如果把私董会与其他学习方式进行比较，会发现私董会的价值呈现与其他学习方式完全不同，核心在于私董会是在一个平等、自由发表独立观点的氛围中实现共创，这与老师授课、学生听讲完全不同。它们一个被动，一个主动，参与感与内容深度也完全不同，尤其是讨论过程的冲突呈现也是完全不同的。

在我看来，学习过程中的冲突越大（无论是语言的、内心世界的冲突），收获也会更大。私董会就能够造成学习的冲突，因为它允许冲突，甚至在私董导师看来，冲突是作为导师自己应当努力制造的场景，只有这样，才能激活大家的智慧，达到共创目的。而这个过程的价值，不单是因为最后有了一个共创结果，更为重要的是在这个过程中，每一个参与者的心路历程会让自己有与众不同的体验和认知。

如果像我开头讲的那样，专家进行了权威发布，接下来的讨论还会那么自由和独立吗？应该就没那么容易了吧。当然，这位专家若是比较谦逊，在介绍自己对这个议题相关知识和经验时，能收着一点，多做启发性的知识分享。分享的目的不是为了权威发布，而是为了私董成员更好地讨论，那么适当做一个这样的动作，或许还没有那么严重的破坏性。

当然，私董会也可以考虑换个顺序做这个动作，就是专家不提前讲，而是放在最后分享，也是可行的做法。不过，最有价值的做法，是私董会小组的专家们要学会"潜伏"在企业家私董成员中，把自己的角色弱化，积极观察，敏感抓住要害问题进行发问和引导，这样做的效果也许会更好。

2018年4月24日　合肥

观察员如何扮演好自己的角色

强化私董会观察员的第二主持人角色，有助于开好私董会。无论是外部私董会，还是内部私董会，对观察员这个角色的强化都非常重要。就像足球比赛里有一个主裁、两个边裁一样，边裁与主裁职责明确，互相配合，相得益彰，基本不会产生混乱。

前面已经有介绍过观察员的一些内容，这里，我再单独讲一下观察员如何扮演好自己角色的问题。强化私董会观察员的第二主持人角色，有助于开好私董会。无论是外部私董会，还是内部私董会，对观察员这个角色的强化都非常重要。可能有人会有疑问，这样做会不会造成现场主持的"混乱"？我的实践经验是，不会。就像足球比赛里有一个主裁、两个边裁一样，边裁与主裁职责明确，互相配合，相得益彰，基本不会产生混乱。

那么，观察员如何扮演好自己的角色呢？

第一，善于和主持人形成互补。私董会主持很烧脑，需要很强的注意力和即时判断力、引导力。私董会现场讨论的进程难以预料，各种信息接踵而来，私董主持人总有疏忽的时候，如果漏掉了关键信息没有开展引导和研讨，就会十分可惜。如果因此影响了对问题的深度研讨，就太不应该了。

观察员此时扮演的第二主持人角色，在主持人没有抓住的地方，即时发问进行研讨，是应有的动作。就像越位是边裁的职责，进球争议时边裁依然要发挥体现自己独特观察的一面。因此观察员要集中精力观察现场发生的情况，即时"动口"。

第二，观察员要与私董成员形成互补。从外董会角度看，私董成员来自不同企业，行业也大多不同，即使行业关联，特点也是不同的。管理现状不同，每个成员在私董会现场表现也不同。有的敏锐，有的相对沉稳一些；有的善于表达，有的则木讷一些，表现各异，丰富多彩。这不是问题，关键是当私董成员现场研讨问题时，过度关注自己想获得的结果时，可能会偏离案主诉求，或者对案主刺激不够，直接影响现场研讨质量。

观察员这时就应当根据自己的专业和管理经验即时进行必要引导，不是打断私董成员发言，而是无痕迹地通过自己的发问或分析引导研讨方向。

那么内部私董会观察员该如何表现呢？内部私董会存在的一个压力是，主持人与观察员都不可能比现场管理层私董会成员更了解企业，除非咨询服务较长时间的客户企业，熟悉程度会高一些。除此之外，内部私董会上观察员在相对陌生的环境下与私董成员互动时的要求会比较高。只是按"私董会七步"走完,对于观察员没什么压力。但是要提高内部私董会质量,观察员更多要发挥专业功能,围绕议题,不断通过提问、分析,对可能出现的研讨不够深入的状况进行纠偏和即时、深度引导,激活现场研讨。

第三,观察员扮演好第二主持人角色有几个注意的问题。

一是不能越俎代庖,抢话筒、占话筒,让私董成员没话说。发言一定要言简意赅,有时间控制,千万不能长篇大论,那样的话,私董会就变成培训会了。

二是要在"私董七步"中扮演好不同角色,也要有张有弛。根据每一个环节研讨实际情况进行自己的角色扮演,不能平均用力,时时表现自己,那样也会挤占私董会成员独立发言的空间。

三是要坚持自己的专业发问、分析,也要学会根据现场的需要发挥自己"功夫在诗外"的发问或分析。

第四,欲让观察员发挥第二主持人角色,不能忽略四个要素:一是选择观察员要注重专业互补,二是要注重行业研究经验互补,三是要注重经营管理经验互补,四是要注意观察员的性格和沟通特点互补。

2018年4月13日　深圳

第六章

"轮流坐庄"的私董会案主

案主的引导：强迫接受不如刺激思考

一场私董会，在平等、开放、多元、真诚的态度下召开，一定会对案主产生很大压力，这恰恰是考验案主的开放程度与定力水平的关键所在。其实，私董会并不是强迫案主接受大家的分析与建议，只是想让案主有更多元的视角，听到不同的声音，获得不同的经验，并对自己有所启发和感悟。

一场私董会，在平等、开放、多元、真诚的态度下召开，一定会对案主产生很大压力，这恰恰是考验案主的开放程度与定力水平的关键所在。在我看来，案主的压力主要来自于：

第一，判断大家的分析是否有道理。如果分析得有道理，案主本人是不是必须全盘接受？如果分析得没有道理，案主该用什么态度对待这个问题？如何引导大家进行正确的分析？

第二，案主的个性化情况远比现场呈现的内容要复杂得多。私董们的建议大多还是基于一般性的经验和推断，我如何判断是不是要采纳或部分采纳？如果采纳了，会是怎样的结果？如果不采纳，会不会失去一次改进问题的机会？

第三，一些分析已经触及案主的底线，使他感觉难堪，因为是在私董会的"场"里，所以案主只能忍受。虽然案主心里拒绝甚至讨厌这些分析，不想接受，觉得对自己的打击太大，但是细想一下，这些刺激性的分析或建议可能就是问题的症结所在，要看案主自己愿不愿意正视它了。

案主的这些思考都会给自己带来压力，其实，私董会并不是强迫案主接受大家的分析与建议，只是想让案主有更多元的视角，听到不同的声音，获得不同的经验，并对自己有所启发和感悟。

当然，这不是让案主全盘接受某种意见，而是通过大家的集思广益，获得自己的独立判断和决定；也不是为了动摇案主原有的判断和决心，而是进一步确定自己的判断或决心。这个过程，是案主对自己的判断与决策能力的考验。

2018年5月21日　北京

被层层剥洋葱的案主

私董会开始后，一个议题被选中，案主就诞生了。案主需要真实地表现自己，在真实的展现中，案主的议题会被层层剥开。从发问开始，在平和、尖锐、充满着关怀的提问中，生发出越来越多的信息。这些信息是案主始料不及的。案主不仅思考议题本身的解决，更在于对议题背后逻辑的反思与探索，这才是私董会的价值所在。

私董会开始后，一个议题被选中，案主就诞生了。通常案主的贡献最多，受的刺激也是最大的，收获自然最全面。

案主需要真实地表现自己，在真实的展现中，案主的议题会被层层剥开。从发问开始，在平和、尖锐、充满着关怀的提问中，生发出越来越多的信息。这些信息是案主始料不及的。案主没想到会有这么多的相关信息，过去之所以听不到这些信息，原因就是没有创造一个"场"。这个"场"是一个环境，这个环境中，案主作为私董会成员，"面具"被摘下来了，虽然还是有些拘谨，甚至紧张，但肯定比在自己的公司要好很多。

在自己的公司，你很难心平气和地面对你的同事，耐心听取他们的意见，更不要说发问了。"场"的重要性也在于此，案主受到煎熬的过程，是一个裂变的过程。讨论一个议题，一开始可能是一个在案主看来一个与自己关联，但至少不是自身的问题。

通过私董会的程序运行几个小时后，案主会越来越发现，一个原本不属于自己"错误"的议题，怎么变成自己的问题了呢？私董会可能不能解决你的所有困惑，但是可以极大刺激你的神经。

身处"场"中，让你不得不思考，一个长期困扰自己的问题，原本以为是由他人造成的，现在却摊到了自己头上，因此自己必须进行反思了。这个过程，是一个平和、深刻而奇妙的过程。不仅是解决议题本身，更重要的是重构，重构一个新的思考。案主不仅思考议题本身的解决，更在于对议题背后逻辑的反思与探索，这才是私董会的价值所在。

私董会往往不是拘泥于议题本身的探索，更重要的是背后逻辑的寻找。做到这一点，不仅对案主有较大贡献，对现场的所有参与其中的私董成员同样有贡献。过程中的体验只有自己清楚，你会发现，你提问时，也在自觉不自觉地寻找解决自己困惑的答案。

2016年11月24日　北京

干扰案主决策，是好事还是坏事

虽然私董会会对案主的议题展开多元探讨，但是不可避免地会干扰案主的决策。参加私董会，提出自己真实的议题，就是为了获得更多不同看法。不同程度地接受私董会洗礼，是常见的现象，这样的洗礼是件好事。

虽然私董会会对案主的议题展开多元探讨，但是不可避免地会干扰案主的决策。毕竟是一群有不错见解的人在一起讨论问题，不受干扰是难以做到的。

这个困惑并不是孤立存在的，它是一个常态。例如下面这几种情况：

第一，不受干扰。无论私董会如何讨论，我（案主）自岿然不动，始终保持自己的状态，坚守自己的信念和想法，力图不受外界讨论侵袭。避免自己想太久，对已经下了决心的事情能够真正实施。

第二，不怕干扰。参加私董会，提出自己真实的议题，就是为了获得更多不同看法。如果不是第一次参加私董会，一定要清楚，私董会上的讨论，会对自己产生很大冲击，甚至会左右自己的一些决策。尽管如此，我（案主）还是愿意接受这些干扰，怕干扰，就不会得到有价值的东西，参加私董会的目的就不能达到了。

第三，经不住干扰。不同程度地接受私董会洗礼，是常见的现象，这样的洗礼是件好事。但是也有好事变坏事的现象。如果案主意志不坚定，不理性地否定自己，完全按照私董会给出的建议去做，且不论对错，在我看来至少有些盲目；或者讨论结束，有些糊涂，不知左右，找不着方向，这就可怕了。

上述三种情况，已经参与过私董会的你属于哪一种呢？

2017 年 4 月 26 日　厦门

案主不能"独善其身"，要有心"普度众生"

> 一个私董成员试图在一个私董组织中始终坚持自己一贯的思维方式和行为方式，没有"坚强"的心理是做不到的。私董组织中的每一个成员，都不可能"全身而退"，这恰恰是私董会的魅力所在。能否得到更多更好的改变，虽然组织的运行方式很关键，但是，每个私董成员自我意识的觉醒更关键。

一个私董成员试图在一个私董组织中始终坚持自己一贯的思维方式和行为方式，没有"坚强"的心理是做不到的。如果做到了，需要的不仅是对私董组织的反思，更是对自我的反思。

私董组织中的每一个成员，都不可能"全身而退"，这恰恰是私董会的魅力所在。几乎所有人都会或多或少受到来自成员之间的相互影响，思维层面、生命品质、方法经验等方面都会受到不同程度的冲击和改变。

能否得到更多更好的改变，虽然组织的运行方式很关键，但是，每个私董成员自我意识的觉醒更关键。这种自我觉醒意识，主要是指私董成员如何更积极地投入私董会组织中。这个"积极"有三层含义：

第一，我愿意为组织贡献。我看到组织运行有缺陷时，愿意提出自己的意见和建议，尤其是具体的、有创意的建议。

第二，不仅是提建议，而且愿意自己亲历一次私董会的组织活动。如自己操盘，去感受私董会的组织与运行对自己的冲击和体验。

第三，主动拥抱每个成员。愿意更深入地了解他们，不仅开会时聚在一起畅所欲言，更愿意主动参访私董成员企业，深入企业内部广泛交流，互通有无，互相协作。

不仅在自己的创始人身份中开展所谓的对等交流，也可以积极关心创始人团队成员，和他们分享办企业、实现价值的奋斗体验和经验。

以上这些私董成员的行为方式，不仅带来私董们之间的深度交往，更可以推动私董成员所领导企业的改变，这才是后私董会时代的贡献。

换个角度思考，如果仅仅是私董成员之间相互提升与融合肯定不够，还必须促进更多企业内部成员的进步，这才是智慧转化的关键。私董会应当引导私董成员做出这样的改变，不能只是"独善其身"，还要有心"普度众生"。

2017年11月12日　合肥

团队案主和单一案主哪种效果更好

> 私董会上的团队案主的选择方式有两种，第一，事先安排好；第二，临时决定成员。团队案主面对干扰一定要更加清醒一些，需要进一步反思企业正在进行的策略，自己正在领导的工作，是不是符合企业发展需要。团队案主现场集体受刺激，受干扰，比单一老板案主的效果要好得多。

私董会上的团队案主的选择方式有两种：第一，事先安排好；第二，临时决定成员。与此同时，成员的安排方式也有两种：第一，确定主案主和辅案主；第二，确定平行案主。这里的主案主可以是老板，也可以是其他核心高管。如果主案主是老板，讨论会更有趣味和不确定性。

"趣味"指的是，讨论中会发现团队案主集体平时相处时的关系融洽、亲密程度。如果他们的关系融洽、平等，讨论时会出现很多趣味，幽默语言也会时时出现。如果他们平时上下级关系严格、严肃，那就会出现尴尬、拘谨的现象。

而不确定性主要体现在：

第一，老板认为的发展思路、具体策略，自己以为高管都明白了，不需要多解释。可是在讨论现场却会发现，自己一直认为确定的事情，其实大家并不清晰，甚至一头雾水。

第二，高管们一直不解的事情和疑惑，在老板那里根本不算什么大事。老板甚至会认为，高管们纠结的事情并不重要，反而会认为这是一种局限性。

第三，讨论会出现新的问题、意想不到的问题，这些问题具有极强的刺激性和挑战性。比如讨论某个议题是希望私董成员们帮助自己和企业解决问题，结果却意外出现这个议题不是一个准确议题的问题。即，不是讨论方法，而是转向讨论要不要做这件事，这就完全不同了。这样的结果出现是好事还是坏事，还需要开私董会时私董们辩证地看待。

表面上看，这样的讨论左右、干扰了案主的思绪，可能会导致案主很沮丧，本来铁定要干的事情，为何在诸多私董的帮助下，却成了一个可能否决的议题呢？自己还要不要干下去？这时的干扰成为自己下决心的主要障碍。

但我却觉得这是件好事。如果自己真的觉得是一种干扰，那说明自己心中对这件事的决心多少还是存有疑惑的，否则私董们的干扰便不会成为真正的干扰。团队案主面对这样的干扰一定要更加清醒一些，需要进一步反思企业正在进行的策略，自己正在领导的工作，是不是符合企业发展需要。

团队案主现场集体受刺激，受干扰，比单一老板案主的效果要好得多。不仅是讨论激烈、多方位，更重要的是在这种私董会的"场"中得到某种共识，大大省去了单一老板案主后期的沟通成本。这种沟通成本包含两个方面：第一，是老板与团队案主的沟通；第二，是老板与其他高管和中层的沟通，可以通过团队案主进行必要的替代。

2017 年 3 月 31 日　昆明

为什么任由"庄主"决定议题

"轮流坐庄"应当成为企业家私董会努力实现的常态活动

方式。由私董成员轮流当"庄主"，可以增加私董成员对这个组织的用心程度，增加组织凝聚力，也可以检验私董成员组织活动的水准。"庄主"机制，可以大大提升企业家私董会的运行乐趣，也可以提升私董成员对私董会的深度认知和体验，这对于私董会长久运行大有益处。

"轮流坐庄"应当成为企业家私董会努力实现的常态活动方式。我虽然十分赞成一个组织者和外部导师多站在每个私董成员的角度思考问题，安排私董会活动。但是，通过"轮流坐庄"，个性化演绎私董会活动，也是非常有价值的。

"轮流坐庄"的设计含义是，私董成员轮流（可以抽签，可以依次）决定某次私董会的开法。除了时间要征求每位私董成员的意见，形成同一时间外，其他都可以不征求私董会所有成员意见，完全按照"轮流坐庄"的"庄主"意愿和设计思路、方法完成本次活动。

换个角度看，一个正式的企业家私董会，不管轮到谁当"庄主"，只管按照自己意愿行事，而其他私董成员只能顺从本次"庄主"的安排，参加活动，会不会得到一次有个性的活动体验呢？我想获得收获的概率还是很大的。

照此逻辑，一个假设12人的正式企业家私董会组织，每两个月（或一个季度）有一名私董扮演"庄主"角色，一年中就有六次不同方式的私董会活动，这样的活动设计或许比一个组织每次精心设计的活动要更丰富多彩一些。

由私董成员轮流当"庄主"，可以增加私董成员对这个组织的用心程度，增加组织凝聚力，也可以检验私董成员组织活动的水准。它就像一面镜子，可以折射出私董成员在实际的企业经营管理中的角色扮演素养和能力。

当"庄主"的私董成员是不是一定是当次私董会的案主？这里可以有两种选择：第一，由"庄主"决定（任一方法）；第二，由私董导师按照规定程序选定。采用第一种方式，对"庄主"来说又是一种考验。

企业家私董会如果采取"轮流坐庄"方式举办，并且任由"庄主"决定议题，主要的好处是便捷。因为私董会有个事先规则，就是尊重"庄主"选择。这样既可以体现个性，激发"庄主"激情和主办好私董会的信心，同样也可以检验"庄主"的能力。

这里巧妙的地方是，每一个轮到主办活动的"庄主"都有至少一次充分的个性发挥空间和从设计到执行过程的空间，这样的活动组织是极富特色的。一年下来，我们会总结发现，每次私董会都风格各异，丰富多彩，值得回味。

回到议题选择，"庄主"决定议题方式，通常有三种：

第一，自己出议题，当案主。自己的议题也有四种方式可以呈现，一是企业参访+问题+背景信息介绍，二是问题+背景信息介绍，三是企业参访+案例介绍，四是案例介绍引发研讨。

第二，"庄主"与私董成员协商议题，邀请某个私董成为案主。"庄主"在与私董们交往过程中发现了一些突出问题，困扰私董，因此提议某个私董拿出自己的困惑，定议题，当案主。选定案主后可参照上述议题呈现的四种方式做出活动方式选择。

第三，"庄主"决定使用投票机制。可以线上事先解决，也可以现场投票解决。这是最为常见的方法。

"庄主"机制，可以大大提升企业家私董会的运行乐趣，也可以提升私董成员对私董会的深度认知和体验，这对于将私董会长久运行大有益处。而且，这种机制更容易将私董会方式引入企业内部，成为企业团队建设的有效工具。

2017年11月9日　北京

"1+X" 团队案主模式会增加哪些不确定性

企业内部私董会多尝试 "1+X" 的团队案主模式，有助于增加一场私董会的不确定性和发散性。不确定性主要表现在：团队案主之间对一个议题的看法不尽相同；过程中面对提问，每个案主对同样一个提问会有不同解读；面对不同提问，或者是追问，一个案主提供的信息和另一个案主想要表达的信息，往往有所不同；在原因分析阶段也是如此，一个案主认为的原因，在另一个案主看来简直不可理喻；等等。

企业内部私董会多尝试 "1+X" 的团队案主模式，有助于增加一场私董会的不确定性和发散性。原本一个案主已经很难控制现场的不确定性，采用 "1+X" 模式，即一个主案主加多个辅案主，更是大大增加一个议题的不确定性了。

这些不确定性主要表现在：

第一，团队案主之间对一个议题的看法不尽相同。

第二，过程中面对提问，每个案主对同样一个提问会有不同解读。

第三，面对不同提问，或者是追问，一个案主提供的信息和另一个案主想要表达的信息，往往有所不同。

第四，在原因分析阶段也是如此，一个案主认为的原因，在另一个案主看来简直不可理喻。等等。

冲突几乎会在多个环节产生，即使是一个小小的问题，也会出现相左的看法。有人担心不确定性的增加会减弱私董会效果，其实恰恰相反，这样的冲突和不确定性可以充分暴露问题，增加研讨深度。其理由有四个：

第一，冲突越多，暴露问题越多，有助于私董们掌握更多信息。

第二，问题暴露过程中，有助于案主们清醒看到自己看不到的一面——原本以为没有问题的地方，其实暗藏的问题很多。

第三，可以刺激团队案主要加强平时的工作沟通，特别是对于一些重要工作的沟通，否则工作效率提升，团队凝聚力的增加都是一句空话。

第四，对于参与研讨的私董会成员来讲，上述三条同时发挥作用，他们会自然产生联想和对号入座，体验会比只有一个案主的私董会更加深刻。

采用"1+X"的团队案主模式，可以用以下几种分法：

第一，老板+创始合伙人。

第二，创始合伙人+高管。

第三，高管+直接下属。

第四，部门负责人+直接下属。

第五，高管+跨部门负责人。

以上这些都可以随意组合，只要议题有相关性，都可以在内部私董会上尝试。

2018年1月19日　上海

彻底摆脱一个导师打天下的局面

团队案主与团队导师在一场企业内部决策私董会上的设计与运用是有效的。我主持的私董会上，出现过核心观察员替主持导师复盘的现象，甚至出现私董成员谈体会时替主持导师复盘的现象，这些对私董会讨论来说都很有价值。将一场私董会的所有参与者都提高了一个身位，角色设定使每个人必须更加主动、更加投入，否则就会游离现场，不知如何开口。

团队案主与团队导师在一场企业内部决策私董会上的设计与运用是有效的。其设计方法是，将企业决策层成员全部看成案主，根据不同研讨主题设定主案主，其他均为辅案主。团队导师（超过三人）中设立主持导师一名，其他均为"辅助导师"。

这些辅助角色如何扮演才能增强私董会效果提升？这需要重点关注两个环节：

第一，辅案主不仅需要回答导师团的提问，还要扮演向主案主提问的角色。

第二，辅助导师不仅是观察员，在海川私董七步环节中发挥应有作用，还要行使部分主持导师的功能。比如在体会与复盘阶段，通常观察员在这些环节是相对弱化的，但作为辅助导师则需要更多表现。

我主持的私董会上，出现过核心观察员替主持导师复盘的现象，甚至出现私董成员谈体会时替主持导师复盘的现象，这些对私董会讨论来说都很有价值。这样的设计，实际上是将一场私董会的所有参与者都提高了一个身位，角色设定使每个人必须更加主动、更加投入，否则就会游离现场，不知如何开口。

多个角色的切换对于辅案主来讲是一种很大的考验。他们既要接受来自辅助导师的提问，又要向自己的上司或班子成员（主案主）发问，切换过程会不会不适应？会不会出现煎熬？这对他们来说都是一个很好的考验和检验。

这种设计如果应用得好，将会彻底摆脱一个导师打天下的局面，也会促使私董会进入自组织状态。

2018年5月16日　苏州

团队案主模式应成为主流方式的原因

私董会的团队案主模式应当成为私董会的主流方式，无论是外部私董会，还是内部私董会，都应发扬光大。引入私董会团队案主模式，根本目的是为了识别误读，促进共识。团队案主模式虽然会构成对团队的威胁，但是它的冲击与威胁总是会被赋能取代。

私董会的团队案主模式应当成为私董会的主流方式，无论是外部私董会，还是内部私董会，都应发扬光大。这样做的主要理由是：

第一，可以让老板清醒地看到自己的意愿、规划与具体发展目标，是不是已经为自己的核心团队了解、理解与认同。

第二，可以让团队成员清醒地看到自己对老板的解读是否接近真相。

现实的企业经营管理中，老板与核心团队之间的沟通存在鸿沟，看起来沟通很顺畅，开会时似乎也有不同争论，甚至觉得进行了比较充分的讨论，都认为研讨事项为大家所理解，但是在执行过程中，往往不能如愿。

其中的关键原因有两条，一条是共识不通透、不到位，存在不同程度的误读问题；另一条是能力缺陷导致执行不到位，目标不能如愿完成。

引入私董会团队案主模式，根本目的是为了识别误读，促进共识。不过团队案主模式对于老板来讲是一种非常大的考验。

考验之一，自己想的团队是这样的，结果团队成员呈现出来的是另外一种样子。甚至在自己一直以来引以为豪的方面，也会有比较大的差异，对老板会造成或多或少的打击：原来自己的判断力是有问题的。

考验之二，团队成员也许一直觉得自己是理解老板的，结果在讨论过程中，发现自己对老板的决策意图及对老板本人的理解差异较大，一些关键问题甚至理解完全不同，可自己一直以来都是这样认为的，也同样对自己产生打击：原来自己的判断力是有问题的。

团队案主模式虽然会构成对团队的威胁，但是它的冲击与威胁总是会被赋能取代。私董会研讨过程中的那种起伏跌宕、像坐过山车一样的感觉，会让团队案主成员产生不适，但刺激之后会让人马上清醒起来，重新振奋。

过去一直蒙在鼓里，不愿揭开，像阿Q一般不愿还原真相，那样的日子随着私董会"场"的作用慢慢改变，呈现出令人欣喜的局面。

2018年5月31日　常德

第七章

私董会要从重视议题开始

为什么不用担心选题的真实性

　　我的私董会实践告诉我，即使是私董会上的即兴选题，也不用担心私董们由于现场压力过大而发挥不出自己的真实水平，或者由于私董提前包装了选题而减弱私董会讨论的效果。既然包装选题难以避免，大家也就不用太担心包装的问题了，而应该把主要精力放到如何更好地利用包装过的选题上，因为这种选题本身就反映了案主可能存在的问题。

　　我的私董会实践告诉我，即使是私董会上的即兴选题，也不用担心私董们由于现场压力过大而发挥不出自己的真实水平，或者由于私董提前包装了选题而减弱私董会讨论的效果，这是因为：

　　第一，被包装的选题一般在第一轮提问后就会被冲击，如果提问时间充裕，私董们足够真诚，这种包装选题就会不堪一击，在休会时被迫进行改变。在提问后的短暂休会期间，导师与案主交流时，如果案主包装的选题不真实，他自己就会主动交代，并要求进行改变。我经常看到的情况是，本来准备的选题是以批评他人为主的，结果转向了批评自己；或者原选题无关紧要，后面就换成与讨论主题关联更紧密的问题，会使案主得到更加深刻的体验。

第二，即使提问环节不能改变案主包装的选题，也没关系，等到案主谈体验、改进思路和计划时，依然会有较大压力面对其他私董。因为现场的私董们真诚地帮助了这个选题被包装过的案主，案主心里就容易产生不道义、骗人的感觉，甚至会产生"罪恶感"。参会的其他私董们也不要认为，真诚帮助过这样的案主后，会让这场私董会变得没有价值。恰恰相反，它可能比一个真实选题还刺激，会使人反思更多，体验更深刻。它会刺激案主从心底开始，不仅对当下进行反思，还要痛苦地正视自己的历史。

第三，到了这个环节，如果案主还不能够"幡然醒悟"，私董导师就应该在现场复盘时提出自己的看法，并不失时机地刺激案主，敲打、提醒案主应当做出反思。导师采取的方法有时是直截了当的，有时是适度迂回的，无论用哪种方法，这个过程对其他私董来说都算是启发。

所以，选题的真实性问题不仅会在即兴选题会上出现，而且提前准备议题更会导致包装现象产生，对真实性产生更大的影响。既然包装选题难以避免，大家也就不用太担心包装的问题了，而是应该把主要精力放到如何更好地利用包装过的选题上，因为这种选题本身就反映了案主可能存在的问题。除了对专业问题的研讨外，由于选题被案主人为包装之后，导致研讨上升到一个更高的阶段：对如何"做人"（真实的领导者还是不太真实的领导者）的研讨。

2017年8月31日　北京

如何做好现场选题

> 私董会的第一个选题环节，通常有现场选题和非现场选题两类方法。现场选题很见功夫，在私董会现场通常有下面两种做法：一种是要求私董口头直接表达，快的只需要 20 秒就能够提出核心问题，慢的可能需要 3 分钟，还不一定能表达清楚。另一种是私董导师要求私董们用笔写在纸上，再口头陈述。

私董会是个细活，无论哪个环节都需要千锤百炼。比如第一个选题环节，通常有现场选题和非现场选题两类方法。

现场选题很见功夫。假设是有 15 个人的外董会，私董们来自不同企业，平时谈起问题时头头是道，似乎很清楚自己的问题，可是到了私董会现场，需要即时提出自己的问题时，常会出现卡壳现象，一时不知从哪说起。犹犹豫豫，反反复复，确定自己的问题时，总是不那么顺当。自己也觉得郁闷：为何连个问题都不能畅快地提出来？

提出自己想要讨论的问题不那么容易，当私董导师规定只给 120 秒的时间提出问题时，这件事似乎又增加了难度。因此，在私董会现场通常有下面两种做法：

一种是要求私董口头直接表达，快的只需要 20 秒就能够提出核心问题，慢的可能需要 3 分钟，还不一定能表达清楚。另一种是私董导师要求私董们用笔写在纸上，再口头陈述。可是写的时候，私董们也会反复在纸上画来画去。确定一个问题，真是难上加难。

出现上述情况，私董导师如何分析，又如何处理呢？上述情况的出现至少反映了私董们的两种心理和一个能力。心理活动一，如何甄选问题，让自己的问题显得有水平，不至于让问题那么没档次；心理活动二，最头痛的问题、瓶颈的问题、泄露机密的问题，要不要提出来，敢接受挑战吗？这些在私董们的心理上是有些犯嘀咕的。

一个能力是指，私董们的通俗表达问题的语言组织能力较弱。处理方法是现场口头提出问题，或者把问题写在纸上。只是要注意一个细节：当出现私董们不能够在规定时间里提出问题时，私董导师应给予一定的宽容，让私董成员重新陈述，可以啰唆一点，让他把话说完，然后再提醒他，能否用一句话简单表达。

此时，大多数私董是可以简单讲清楚问题的。当然也有个别私董依然有困难，有的甚至突然转向了，将原先要表达的问题改为另一个问题了。这个细节做好了，其价值是让私董们在选题一开始，就会体验到原来提出并确定一个自己的问题，不那么容易，是不是需要一些反思呢？这个过程做得越细致，私董们就越有体验感。

如果这个环节不做细致，会影响后面环节的研讨。尽管有个澄清环节会进一步对问题做出确认，但那只是对案主问题做出澄清，其他私董们的体验会弱一些。

2018年6月15日　北京

对选定的议题要质疑吗

私董会上，当选题结束后，直接对议题本身进行质疑是可取的行动。对被选中的确定的议题进行质疑，是为了让本场私董会更有质量，这个质量体现在两个方面：第一，让案主的议题更真实；第二，让研讨更具动力。

私董会上，当选题结束后，直接对议题本身进行质疑是可取的行动。按常理，议题被选中，就自然进入"私董会七步"的提问阶段，通过提问发现问题，澄清议题。但是不是就不能进行选中议题后的直接质疑呢？当然不是。

私董导师可以就被选中的议题做出质疑，质疑的方式有两种：一种是由导师自己针对议题提出质疑，并与案主对话，建议案主对议题做出进一步明确界定。之后请现场的私董成员发表对议题真实含义的看法，给案主一个回应。另一种是由导师直接在现场请私董成员发表对案主议题含义的解读，给案主一个回应。这两种做法都是在案主已经对议题做了进一步解释之后的回应。

回应的方式也有两种：一是直接口头表达；二是各自写在纸上，然后将写在纸上的议题解读进行口述。

通过这样的质疑，案主通常可以发现两个问题（也是启发）：

第一，自己的议题有问题，好像不是自己最想讨论的问题，可是为何被自己提出来呢？是不真实导致的，还是没有看清自己的问题？

第二，自己感觉想得、说得都很清楚的问题，为何与私董伙伴们的解读有那么多（大）的误差？是自己的问题，还是大家没听清楚或没认真听？或者是因为大家不在一个行业，所以听不懂自己的问题？

只要存在这些疑问，那么进一步澄清议题就显得非常必要了。大家要记住，这个动作还不是常规的"私董会七步"研讨动作，只是导师怀疑议题，提出质疑。质疑之后，当议题被确认，大家也理解了案主想要讨论什么问题，这时可以开始走第二步——提问。

对被选中的确定的议题进行质疑，是为了让本场私董会更有质量，这个质量体现在两个方面：

第一，让案主的议题更真实。如果提出的议题不够真实（甚至是敷衍的），可以通过这一轮简要质疑便可做初步澄清，对于议题案主是个刺激和帮助。

第二，让研讨更具动力。因为议题通过这一轮质疑，可以聚焦大家对议题的兴趣，增加研讨热度，便于更流畅、激烈地研讨。

这样的方法可以运用到企业内部任何一次会议议题研讨，可以促进企业会议质量提升，避免无休无止、周而复始的研讨不是问题的问题。

2018年5月12日　北京

陌生议题跑偏不是坏事

> 在私董会上讨论一个大家陌生或不太熟悉领域企业的话题，对于现场参与的私董成员来说是个很大的考验。很有意思的是，即使是一个陌生领域企业的话题，依然可以通过一定时间搞清楚它，层层追问，包括一些看起来幼稚、跑偏的发问，都是可以刺激案主的思考。

在私董会上讨论一个大家陌生或不太熟悉领域企业的话题，对于现场参与的私董成员来说是个很大的考验。

作为老板的私董成员，往往会对自己经营的领域更熟悉一些，如果案主与自己相近，或者自己比较熟悉，讨论时就会相对容易。反之，就会难一些。比如提问阶段，问什么很讲究，有时会问不到点上，甚至会跑偏，这些也是常见的。不过这些无关大局，即使有些跑偏，也不是件坏事。它至少反映了两点问题：

第一，案主没有介绍清楚自己的企业。

第二，私董成员没有听清楚，也没有即时调整问话方式和恰当的切入点。

这两个问题，也可以促进现场交流的改进：

第一，现场请案主呈现相关资料，包括BP、相关行业资料等，增加私董成员对企业及行业的了解。

第二，如果是事先确定的案主，则可以事先在私董微信群里发送相关资料，供大家阅读，提前准备。这样也可以提高现场私董会讨论效率。

很有意思的是，即使是一个陌生领域企业的话题，依然可以通过一定时间搞清楚它，层层追问，包括一些看起来幼稚、跑偏的发问，都是可以刺激案主的思考。也有助于提问者、倾听者不断深入地了解和理解案主，并在后面的解析和建议中提出更多有价值的见解。

一个陌生领域企业案主的贡献往往比熟悉领域的贡献更大。它可以让私董们从陌生到了解到熟悉，即使只用一天时间，其收获也是很大的。不仅如此，陌生领域企业的话题，依然是有共性的，有逻辑可循的，也同样可以出现"他山之石，可以攻玉"的效果，触类旁通是显而易见的。比如，讨论"我的企业如何建立核心价值吸引合伙人加盟"这样一个议题时，即使行业对我们来说是陌生的，但这个话题却是具有共性的。

我们只要围绕核心价值与合伙人这两个关键词层层发问，就一定能够探讨出对自己有帮助的思路和方法。

2017年4月9日　苏州

对问题式议题和案例式议题的解读

　　私董会议题确定可以有两种基本方式，即问题式与案例式。问题式，即私董成员直接提出近期或长期困扰自己的一个问题。案例式，即通过一个在经营管理实践中的案例作为研讨议题开展讨论。问题式议题提出来即可围绕议题，由私董导师引导大家开始研讨。案例式议题则相对复杂一些，因为不是聚焦一个问题研讨，而是围绕大主题和分解的小问题开展研讨。

　　私董会议题确定可以有两种基本方式，即问题式与案例式。

　　问题式，即私董成员直接提出近期或长期困扰自己的一个问题。比如"我近期最头痛的一件事是最好的搭档提出要离开公司，不知如何处理？"这样提出问题，即可以展开讨论。当然，私董成员可以对这个问题做进一步阐释——这个问题的解决对你和公司有多重要？困扰多长时间了？你是否做出积极反应？具体的举措是什么？效果（结果）如何？你的下一步设想？希望私董成员和导师给自己怎样的帮助？等等。做上述的问题延伸陈述，是为了让私董成员更好研讨问题。

　　案例式，即通过一个在经营管理实践中的案例作为研讨议题开展讨论。案例呈现方式包括公司基本情况介绍（成立时间、主要业务、规模、人员及其管理层情况、组织构架、战略定位与规划、行业地位等）；案例主题与基本内容介绍（大主题——实施绩效改革引发的冲突、绩效改革背景、方案设计框架，核心内容——与原有绩效方法的异同？最大的冲突产生在哪里？何时开始的？主要是哪一个群体冲突比较大？目前查明的原因？采取了什么样的措施？效果如何？下一步设想？你想研讨哪几个具体问题——分解的小问题。等等）。

问题式议题提出来即可围绕议题，由私董导师引导大家开始研讨。案例式议题则相对复杂一些，因为不是聚焦一个问题研讨，而是围绕大主题和分解的小问题开展研讨。

这里需要区分小问题的提出是不是符合大主题的要求，就是说，研讨小问题会不会对大主题产生直接贡献，这是值得商榷的。无论是直接的问题研讨还是案例研讨，都必须遵循私董会基本方法，不能演绎成没有程序的头脑风暴。因为大多数的头脑风暴只是经验的堆积，特别容易成为经验式建议的"场"，那样的私董会本质上就不能算是私董会了，对私董成员的修炼会有很大欠缺。

在我看来，算不算是私董会其实还不是最重要的，重要的是那种研讨方式。不能以比较充分的提问、分析为基础提建议，往往是有失偏颇的，容易以讹传讹，误导人。看起来很热闹，实际上经不起推敲。如果有了比较充分的提问、分析，再有客观、真诚的经验分享和建议，效果就会完全不同。

2018 年 1 月 23 日　北京

第八章

控制好过程，是私董会成功的关键

出现走神现象的原因

私董会过程中，走神现象经常出现。不仅私董成员们会走神，连主持人也会走神。出现这一现象的原因主要有以下几条：第一，精力不济；第二，水平不够；第三，放不下。

私董会过程中，走神现象经常出现。不仅私董成员们会走神，连主持人也会走神。出现这一现象的原因主要有以下几条：

第一，精力不济。开私董会，精力要高度集中，如果你没休息好，不能全神贯注，走神就是难免的了。

第二，水平不够。人的认知总是有限的，现场产生的议题，事先谁也不知道，成员们进了"战场"，突然讨论一个自己根本没有什么经验议题，多少还是有些压力的。尽管企业家们身经百战，经验丰富、能力过人，但在有的方面还是难免存在盲点，因此走神实为难免。

第三，放不下。因为私董会大都是领导者聚集一起，所以大家摆个架子，要耍在自己企业时开会的威风，也是可以理解的。他们对私董会的理解还需一个过程，角色的转变也不太容易。由于存在放不下的态度，你的"听觉"就会出现问题，不太容易听进去私董成员说了什么，也听不清主持人问了什么。过往的领导经验会让你"失聪"，因为别人发言时，你在想着自己的东西，等到你发言时，讲的却不是根据现场信息相对应的问题、分析和建议，而是你自己想好的东西，这些东西你早就有了。不是现场交流、碰撞出来的东西，现场感弱了不说，重构也就不存在了。本来是私董会成员坦诚交流、重构智慧的"场"，变成了你的领导讲话的"场"。

私董会看起来简单，实际上易学难精。像围棋一样，可能一个小时会下了，但一辈子也下不出什么名堂来。切记，大家做什么事都要有一颗敬畏之心，不仅是做私董会，还包括如何做人。

2016年11月23日　北京

反转式教学：老师的引导价值远高于演讲价值

> 企业内部培训应当主要采取反转式教学方式，老师的引导价值，要远远高于老师的演讲价值。当我们拥有了反转式教学理念，并且掌握了这一方法，现场受众就会被牵引，他们会在老师的引导下，通过互动讨论甚至激烈争论，尝试着自己得出结论。

企业内部培训应当主要采取反转式教学方式（这种方式原本属于学

校学生的教学方式创新实践，但完全可以运用到企业中，不一定完全雷同，但可以借鉴其核心思想和方法），老师的引导价值，要远远高于老师的演讲价值。

做到这一点，需要几个条件：

一是企业领导人和受众真正明白这一方式的价值。不要认为老师讲得少，内容也不丰富，请老师来企业有些划不来。如果存在这样的想法，反转式教学就不太容易顺利地开展。

二是老师的功夫。没有一定的积累和现场洞察力，没有提前做准备（比如围绕学习主题、学员提前准备，包括收集资料、做好教学现场的讨论提纲，或者围绕学习主题提出新问题，等等），不仅不能提高教学效果，还会增加老师的压力。

在我看来，私董会、咨询式方案班，都可以归于类反转式教学范畴。其中，私董会是一个比较极致的类反转式教学方式。所以，当我们拥有了反转式教学理念，并且掌握了这一方法，现场受众就会被牵引，他们会在老师的引导下，通过互动讨论甚至激烈争论，尝试着自己得出结论。

过去的教学中，往往是老师给结论，这样的教学环境下，是由学员分析、演练、辩论得出结论的。而在私董会的过程中，由于参与度极高，激发了学员的学习兴趣，激发了学员探索问题解决方案的意愿，不知不觉中学员的学习能力就能得到提升，解决问题的思路也就更清晰了。

看起来是一种教学方式，实际上我们换个角度思考，就可以发现，如果企业管理者都能够用这样的思维和方法，去和自己的团队进行交流，局面会怎样？会不会激活团队成员主动思考以及主动寻求解决方案的动力？我想大家都是可以尝试的。

2016年12月13日　珠海

怎样造就探寻真相的"场"

> 私董会对问题真相的探寻，总是可以刺激每个参与者反思或者是验证。对现实战略问题、管理问题的拷问过程是无法预见结果的，正是有了这样的过程，私董们才会期待。私董们会坚信一点，只要我们静心，放下去倾听，积极、真心并富有洞见地去发问、分析和建议，总会得到自己想要的东西。

私董会对问题真相的探寻，总是可以刺激每个参与者反思或者验证。如果有足够的时间，提出的议题一定会得到很好的挖掘和阐释。

长期在一起的私董成员，每隔两个月聚会一次，每次1~3天，从上次私董会案主的问题复盘开始，到本次私董会案主议题讨论、复盘结束。整个过程都是热烈、理性，富有刺激性的。

对现实战略问题、管理问题的拷问过程是无法预见结果的，正是有了这样的过程，私董们才会期待。虽然过程无法预见会出现什么样的讨论，是深入还是肤浅，是精彩还是尴尬。但有一点私董们会坚信，只要我们静心，放下去倾听，积极、真心并富有洞见地去发问、分析和建议，总会得到自己想要的东西。

虽然是一个企业私董成员提出的议题，但这个议题与这个企业正在进行的活动总是有关的，或者是一个细节问题，或者是一个战略性的话题。讨论虽然聚焦于这个议题，私董们问话时总会联系自己企业正在或已经发生的事情，无论这些事情是否能顺利完成。若已完成，就会得到验证；若在进行中，并遇到困惑，在提问、解析时就可以得到思路。

当然，如果你作为私董成员，不能放下、倾听，不真心，不开放，就会游离于私董会场外，也不可能有收获。这种现象虽然会发生，不过有经验的私董导师，会及时将你拉回现场。

私董会开法多种多样，比如到企业现场开，这是一种不错的做法。选择私董成员的企业参访，提前做好准备，包括将参访企业定为本次私董会案主、提前设定议题、企业现场观摩等。重要的是将案主的高管团队一并作为案主，形成团队案主（2~5人），参与私董会讨论。

现场提问时，可以点名问其中的一名案主，也可向团队主案主发问。这样的现场讨论，其价值在于：

第一，信息更全面。

第二，可以看到团队案主之间的认知差异，有助于发现新问题，有助于问题深入讨论。

第三，现场容易推进团队案主对议题进一步认知与共识。

2017年3月30日 上海

逆向思维：思考别人没有想到的领域

这种逆向思维并不是在多数人想法的前面加一个负号，而是要思考别人没有思考过的维度，要思考别人还没有思考到的领域。蒂尔的逆向思维在企业家私董会上有了很好的体现。此时的逆向思维不仅是负向思维，更多是多向思维。对一个议题多样化、多维度地讨论，还推动了讨论的广度和深度。

彼得·蒂尔（Peter Thiel，著有《从0到1》）的心智模式是"Contrarian Thinking"，但这种逆向思维并不是在多数人想法的前面加一个负号，而是要思考别人没有思考过的维度，要思考别人还没有思考到的领域。

蒂尔的逆向思维在企业家私董会上有了很好的体现。当一个议题被提出，案主也许根本无法知道接下来会发生什么。如果我们一定要问提议题的案主可能的结果，你会发现，案主也许内心会认为，大家提出的见解或许很难超越自己。

因为在议题案主看来，自己在这个领域已经奋斗多年，其间的经历极其丰富，酸甜苦辣都尝遍了，要被超越似乎非常难。这时案主的经验告诉他，私董会未必能带来更多的创新思考。可是，私董会现场会将这样的经验思考壁垒打破，如果现场有15名私董成员（包括专业观察员），我们会发现，虽然会有不少的提问和分析没有超越我们的思考习惯，但是现场的每个人都会试图从另外一个角度看案主的问题，提出的问题会"稀奇古怪"，令案主猝不及防。

分析原因时也会令案主大吃一惊，因为平时没有人敢和他这样对话，只有在私董会这样的"场"里，人们说话可以肆无忌惮。一些不中听的话，恰恰反映出不同的角度、不同的思考，不只是让案主难堪，更重要的是刺激案主有了新的视角和思考。

此时的逆向思维不仅是负向思维，更多是多向思维。对一个议题多样化、多维度地讨论，还推动了讨论的广度和深度，进而经常会让案主发出"我为什么没有想到""这个角度好啊"等赞叹。

2017年4月25日　泉州

怎样纠正预先筛选的思考模式

> 私董会可以发现并逐步纠正这样的预先筛选思考模式。首先是发现，开私董会时，很容易识别一个私董成员的现场发言是否在线，是根据自己过往的标准来判断现场发生的信息，还是很尊重现场呈现的信息。其次是纠正，当出现明显的预先筛选情况时，私董导师会及时发现并引导其进行现场纠正。

预先筛选是一种常见的现象，或者可以算作一种思维习惯。如果一个人常常采取预先筛选思考模式，那么他很难接受更多的信息，使自己与他人的交流变得成本高、收益少。

一个单位时间里的交流，如果我们更多是后置筛选，那么获得的信息量就会很大，可用的东西就会变多。若是在一个场合交流，一方发现另一方的思维方式是预先筛选，也势必会影响输出信息方的输出动力。

私董会可以发现并逐步纠正这样的预先筛选思考模式。首先是发现，开私董会时，很容易识别一个私董成员的现场发言是否在线，是根据自己过往的标准来判断现场发生的信息，还是很尊重现场呈现的信息。有包容还是没包容、听进去还是没听进去，现场很容易被发现。

预先筛选者，一定会有意无意地筛选掉与自己不对路的信息，此时，他自己原有的思维惯性会表现得很突出。这种预先筛选情况越突出，接受信息越少，与他人有效沟通效果越差。

其次是纠正，当出现明显的预先筛选情况时，私董导师会及时发现并引导其进行现场纠正。最典型的做法是，直截了当地指出某位私董的游离现场、自我设障行为，希望其尽快放弃自己的既有标准，回到现场，回到对他人信息的尊重和倾听上来。经过多次提醒、多次私董会修炼后，这些私董成员会逐渐改变或消除自己预先筛选的思考习惯。

后置筛选的好处是，可以在有限时间里获得更多信息。尽管一些信息不一定是自己用得上的信息，但是接受这些信息是在一个规定的"场"里。比如私董会现场，此时后置筛选的价值就在于，自己不设障，能听到更多他人与自己不同的东西，可以多元化地看待一个问题不同角度的讨论，这样的信息接收方式，更有利于我们对一个问题进行有效判断。

放在最后进行筛选，可以让我们看待问题更全面，避免经验主义干扰我们的判断与决策。同时也可以增加新信息的输入，避免让老信息、老经验左右自己的判断，使自己不能更进一步。

上述思考习惯，企业中各层级管理者，或者说每一个员工都会存在。只是级别越高，这种思考习惯弊端对企业影响就会越大。所以需要企业的中高层管理者思路清楚，改正不良思考范式做出正确选择，避免浪费有效信息。

2018年5月2日　北京

如何做到"场"内与"场"外一致

在私董会上，私董成员表现出的问与答的方式，也是平时领导工作中沟通方式的一个缩影。点拨者可以是私董导师、观察员，也可以是私董伙伴。而我认为，私董伙伴的提醒和点拨的价值更大。

改善沟通习惯，本质上需要改善思维方式。在私董会上，私董成员表现出的问与答的方式，也是平时领导工作中沟通方式的一个缩影。之所以说私董会过程之美，其美在过程既可以揭示自己的状态，也可以引发自己的反思，现场只需点拨，便有了不同体会。

点拨者可以是私董导师、观察员，也可以是私董伙伴。而我认为，私董伙伴的提醒和点拨的价值更大，因为在这个过程中，私董们会发现自我意识增强了，思维方式和沟通方式也有所改善，沟通能力的增强只是时间问题。

能否享受私董会过程，需要很长时间的修炼，不可能一蹴而就。要做到享受，需要解决倾听、放下、开放、投入、真诚、平等、善于表达观点等有关态度和能力的问题，而这些东西在离开私董会这个"场"之后，便有可能被不同程度地改变。

等到再回私董会"场"中时，那些与私董会基因不合适的东西，一定会自然流露出来，藏都藏不住。不要紧，也不用害怕，私董会会帮助你重复修炼。直到有一天你达到某种境界后，便会做到"场"内与"场"外的一致，那时的你一定会更加享受地参与私董会。

2018年5月9日　扬州

经验式建议与程序式建议哪种效果更好

私董会成员坐在一起开会，不管是谁提出的问题，如果不按程序走完，一开始就允许私董成员提建议和对策，恐怕不是一件难事，也是大家十分愿意和习惯的做法。在我看来，经过一个程序讨论出的结果与一开始就提出的建议，即使一样，也不可相提并论。让案主能够心服口服的结论一定是经过程序讨论得出的，绝不是那种未经讨论就抛出的经验式结论。

私董会成员坐在一起开会，不管是谁提出的问题，如果不按程序走完，一开始就允许私董成员提建议和对策，恐怕不是一件难事，也是大家十分愿意和习惯的做法。尤其是领导者面对自己的团队时，更是如此。

直接给出问题的建议，与经过一个严格程序讨论得出的结论，结果会一样吗？如果仅从结果看，可能差异真的不大；或者是有些许差异，但是觉得结果并没有什么高深之处，甚至有"不过如此""简单"的感觉，与自己一开始就想到的建议很相似，只不过是现场主持的私董导师不让一开始就提自己的建议而已。

在我看来，经过一个程序讨论出的结果与一开始就提出的建议，即使一样，也不可相提并论。实践中，几乎所有的私董会参与者，都和我有一样的感受。经过一个有程序的讨论，让大家有机会层层剥开，逐渐让事实真相显现出来，这个过程有感性、有逻辑，有很强的碰撞和思辨，而没有经过这套程序讨论的结果，只是经验式的，并没有理论作为支撑。

这两种情况下，让案主能够心服口服的结论一定是经过程序讨论得出的，绝不是那种未经讨论就抛出的经验式结论。这个已被无数的私董会验证，其心理体验的过程也让人感觉极其微妙，不经历，无法真正感受。

将私董会引入企业内部，开内部私董会也会得到相同的体验。领导者习惯在下属提出问题时立即给出建议，这样的做法大部分时候可能是有效率的，至少在领导者看来是这样的。但是，领导者事后会发现，他提出的建议或具体方法，并没有得到实现，这时才反思得出一个结论：

就是自己的建议，并没有被实施者理解和参透。

如果领导者将一直习惯的经验式领导方式，有意识地"休克"一下，试着用私董会的一些思维方式去验证自己的过往经验，定期或不定期按私董会方式讨论问题，或许可以改进甚至改变以前的经验式指挥，既帮助自己开阔一下思维，也可以让下属有顿悟的机会。

2017年4月30日　北京

私董会中的澄清环节如何进行

> 私董会中的澄清环节需要引起大家足够的重视。大家不仅要重视这一环节，更重要的是如何与案主交流第一轮提问之后的体验和对议题的新想法。这个体验要由案主说出来，议题新想法也要由案主提出来。

私董会中的澄清环节需要引起大家足够的重视，这一环节的做法主要有两种：一种是休会，私董成员离场休息，由导师团（主持导师、观察员）共同与案主交流；一种是现场交流，由主持导师现场交流，私董成员观摩，并允许参与交流。这两种方式都是可以的，但是我会更多地使用前一种方式处理这一环节。

大家不仅要重视这一环节，更重要的是如何与案主交流第一轮提问之后的体验和对议题的新想法。这个体验要由案主说出来，议题新想法也要由案主提出来。我发现，有几个因素会导致澄清环节存在困境：

第一，案主懵圈了，在提问环节中，经不住提问、追问，穷追猛打，突然卡壳，以至于在澄清环节交流时，一时语塞，不知道从哪说起，理不清头绪。

第二，案主自我设障，建立一条心理防线，你问什么，我答什么，从容应对，不怯场、不真实地将提问环节对付过去，等待澄清议题。

这两个现象出现，会导致澄清议题困境。尤其是第二种现象的出现更为麻烦，可能直接导致私董会继续进行的效果直线下降。而第一种情况出现，往往在导师引导下，可以逐渐使案主恢复状态，回到澄清议题的正轨。

澄清议题前半段是导师或导师团与案主的交流，等澄清结果出来后，呈现方式主要有三种：

第一，由案主直接陈述澄清后的议题，可能是新议题，也可能是原议题不变，并陈述相关理由。

第二，在第一条的基础上，由导师补充介绍交流过程中的相关细节，有助于私董们进行下一环节的交流。

第三，由导师"越俎代庖"替案主澄清议题，包括第一、第二两条中的全部内容。

这三种方式大家都可以尝试运用，但要看场合和案主情况，就我的经验来说，更主张大家使用前两种方法。

2017年8月18日　广州

私董成员怎样追问

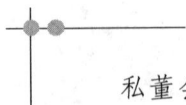

私董会上私董成员不会提问是个常态，尤其是不会追问

的状态更需要改变。如果私董成员想做到追问，就要先注意以下几个前提：第一，不要试图证明自己的经验；第二，用心听他人提了什么问题；第三，客观通俗地提出问题。

私董会上私董成员不会提问是个常态，尤其是不会追问的状态更需要改变。如果私董成员想做到追问，就要先注意以下几个前提：

第一，不要试图证明自己的经验。千万不要等着自己发言时急切表达自己的提问，而且你的提问只是为了验证你的某种经验，这种带有经验或者具有好奇心的提问，虽然不可避免，但是要尽可能减少，客观才是最重要的。带有明确验证的提问，往往会给案主增加压迫感，当然，这种压迫感有两面性，一方面可以看出案主的承受力如何，一方面可能会造成案主的虚假回答。

所以，通过现场提问，减少经验验证，更有利于将提问引向深入。如果只是为了验证自己的经验，就会听不见他人提什么问题了。

第二，用心听他人提了什么问题。不会放下自己听他人在提问什么、语气是怎样的，就很难进行追问。用心听，你就会获得追问机会。

比如有人问案主：你和团队核心成员多长时间沟通一次？这里可以有一连串的追问——核心成员有几位？分别是谁？职位可以描述一下吗？他们的职业背景、性格特征？你与他们的沟通方式是正式还是非正式的，是集中还是分开的？通常沟通哪些问题？近期沟通的最突出问题是什么？能描述一下沟通结果吗？等等。可以追问至少数十个相关的问题。

通过一连串地发问，可以提醒案主回想自己与核心团队成员之间究竟发生了什么，促使案主对此深思。

第三，客观通俗地提出问题。不要主观引导性地提问题，如果太过主观，具有明显的导向性，案主回答问题时就可能产生更多不真实性。

尤其是在内部私董会，主观且具有强烈引导性的提问，导致的结果必然是具有欺骗性的。上下级之间的提问更容易导致欺骗性结果，这是大忌。

通俗提问也是一门功夫。我一向认为，提问不要过于学术，不要文绉绉的，搞得别人听不懂，或者要很费劲地听，贻误听问题的时机，这样就会让你得不偿失。自己问得辛苦，别人听得费劲。一定要尽量消除自己这方面的缺陷，提升提问功夫需要好的心态，更需要反复的修炼。

2018年1月7日　圣何塞

帮助私董推导答案的方法

> 不管是怎样的答案，绝不是私董导师用咨询顾问方式给的，也不是私董小组成员提出的建议得出的，是案主综合考虑之后的一个判断、一个重构，答案是自己最终决定的。案主在现场研讨中，有时会有点懵也是正常的。想要在内容繁杂的研讨中最后总结出自己想要的结论，也不是一件容易的事。

你需要不断提醒自己，在扮演私董会导师时不要忘了，不能按照咨询顾问与培训师的方式来对待私董小组成员。私董们不仅需要一个建议和答案，更重要的是帮助私董小组成员推导出他们自己想要的答案。

不管是怎样的答案，绝不是私董导师用咨询顾问方式给的，也不是私董小组成员提出的建议得出的，是案主综合考虑之后的一个判断、一个重构，答案是自己最终决定的。只有这样的答案，才是最有可能被案主认真对待和执行的。

习惯将自己的经验和盘托出，是顾问和培训师们的惯常思维习惯。尽管顾问们也会不断发问，但总是会导向自己想要的结果。虽然我不认为这有什么不好，但是这样的思维恐怕不利于更开放地讨论问题。

当然，如果顾问们不是为了证明自己是对的，也不是强迫案主接受自己的分析和建议，只是为了干扰案主，甚至是全场的私董小组成员，让他们变得活跃起来，刺激他们的神经，便于更好、更发散研讨问题，这样做也是可行的。

案主在现场研讨中，有时会有点懵也是正常的。想要在内容繁杂的研讨中最后总结出自己想要的结论，也不是一件容易的事。这也是一种考验——考验案主的听力、接受力、鉴别力、总结力和言简意赅的表达能力等。案主在复盘前的陈述，对案主来讲是一次极大的历练，也可以看作是从另一个角度对本场私董会的一个评判。

很难确定一个标准来判断案主陈述的好坏，不同的案主在陈述时表现不一样，陈述方式虽然有一些基本要求，但还是会有很多个性的表现。我们应当尊重多元，只要是案主自己得出的答案，就是最令人欣慰的。其他私董小组成员和导师们千万记住，案主没有按照我们的经验行事，不要沮丧。因为私董会能让案主更认清自己该干什么，不该干什么，而此前，案主自己对问题并不那么确定，甚至摇摆不定，正是私董会的讨论使案主坚定了自己的信念，这从另一个角度来说也算帮助案主推导出了答案。

2018年2月6日　北京

私董会如何复盘

无论是内部私董会还是外部私董会，复盘都是非常必要
和重要的。复盘包括现场复盘和历史复盘。现场复盘，是指一
次私董会完成了前面的环节讨论之后的即时复盘，主要由私董
会导师完成；历史复盘，是指本次私董会对上一次私董会案主
问题的再讨论。

无论是内部私董会还是外部私董会，复盘都是非常必要和重要的。
复盘包括现场复盘和历史复盘。现场复盘，是指一次私董会完成了前
面的环节讨论之后的即时复盘，主要由私董会导师完成，时间一般在
10~30分钟。复盘的关键内容是：

第一，现场讨论的整体分析；

第二，现场讨论的闪光点分析；

第三，现场讨论的问题分析；

第四，讨论引发的新思考。

历史复盘是指，本次私董会对上一次私董会案主问题的再讨论，通
常有两种做法。第一种做法的程序是，由上期案主陈述上次议题讨论后
的改进情况，私董成员自由发问、分析或建议，私董导师再简要复盘，
讨论时间在60~90分钟。第二种做法是，按照完整的私董会程序进行一
次讨论，时间控制在120~150分钟。

无论哪种形式的复盘，都会引发私董成员的思考。现场复盘会强
化私董成员对本次讨论的总体印象，尤其是对一些关键的观点、措施或
者是问题的多角度分析，会有进一步理解。一些自己讨论中忽略的问题
（或者是自己分神没听到的讨论），在导师复盘过程中得到新的呈现，会

让你有一种豁然开朗的感觉。

历史复盘对于案主、私董及私董导师都是一种挑战。对于案主，挑战来自于自己是否能够圆满地给予私董成员一个好的交代，不枉私董们良苦用心的讨论和建议；对于私董成员们，挑战来自于是否能够比较清晰地记得上次讨论的状况，与本次复盘时的陈述形成关联，并且及时提出新的看法和建议；对于主持现场活动的私董导师来讲，挑战不仅来自于内容讨论，还来自于在有限时间里的高效、有效讨论。当然，如果时间允许，也可以考虑延长时间，这个挑战就比较容易解决了。

2017年2月23日　北京

复盘的几种实用方法

运用"私董七步法"开展私董会，在复盘时有若干种方法，基本方法有五种：第一，场景重现法；第二，要点解读法；第三，归纳建议法；第四，提问启示法；第五，导师贡献法。这五种方法可以跨界、混合运用，目的只有一个，进一步引发私董成员对本场私董会成果的认知，激活和推动私董会后的新思考、新行动的产生。

第一，场景重现法。对复盘前的六步运行过程中所表现出来的突出现象进行场景再现，目的是引发私董成员对本场私董会自己表现的"优秀程度"做一个评价（包含导师评价与自我评价），同时引发大家思考本场私董会给自己带来的最主要贡献和启发。

第二，要点解读法。对本场私董会形成的最主要观点和成果进行深度解读，不是面面俱到，而是突出与案主议题紧密相关的观点和成果的呈现与解读。目的是引发案主进一步思考，这些观点和成果是不是会进一步影响自己下一步在企业发展中的行动，同时给现场私董成员一个重新思考自己提出的观点和所形成成果的判断。

第三，归纳建议法。对本场私董会上的私董成员形成的主要观点和建议进行现场归纳，比如形成几条核心观点或建议给案主，同时可以借鉴给其他私董成员。不仅如此，在归纳私董成员创造成果的基础上，导师加上自己现场的部分思考，共同形成本场私董会的成果，供私董成员参考。

第四，提问启示法。对本场私董会研讨所形成的成果，不是采用上述方法直接呈现，而是通过深度提问的方式呈现出来。这些提问不需要现场给出回答，而是通过日后实践给予回答。

比如，案主认同需要通过合伙机制解决责任担当问题，那么导师不是直接告诉案主采纳这条建议，而是给出若干条提问：你了解合伙机制吗？你对合伙人有什么样的预期呢？企业内部有这样的合伙人吗？如果没有，你愿意从外部寻找吗？是否考虑到合伙人机制可能产生的代价与风险？等等。通过提问方式引发案主的思考。

这个提问不仅给案主，也是给其他私董成员，尤其是对提出这条建议的私董成员会产生新的刺激。

第五，导师贡献法。对本场私董会做一个高度概括性呈现，然后重点转向导师的认知与贡献。导师抓住自己认为的核心问题，进行解读与启示性陈述，目的是引发大家聚焦核心问题，进行深度思考。

上述五种方法不是全部的方法，而且这五种方法可以跨界、混合运用，目的只有一个，进一步引发私董成员对本场私董会成果的认知，激活和推动私董会后的新思考、新行动的产生。

2018 年 3 月 14 日　北京

第九章

私董会方法如何灵活运用到企业管理中

私董会方法如何助推决策

　　　　通过私董会的方式似乎更加有效，实践发现，提出一个需要决策的议题，由这项决策的创意者和执行者来陈述相关事实，会使人们更快地产生决策。开私董会时，我们通常会对提出决策议题的时间有所限制，比如 10~30 分钟。可是做这样的决策问题探讨时，可以有别于常规的私董会，延长陈述时间，这是非常必要的，比如 1 个小时。

　　人们为了做一个决策，会产生很多集思广益的做法。比如研讨会、沙龙、多方征求意见等。

　　现场陈述时，可以展现PPT，可以使用白板等工具，相对充分地暴露信息。除了主案主之外，案主团队成员同样可以参与提供相关信息。特别是在做这项决策创意过程中遇到的冲突，包括自身创意的冲突，以及团队之间对这项创意的不同理解的冲突。

根据陈述信息，开始运用"私董七步法"。一个程序走完，大家会发现，议题一定会被充分讨论，只不过这个研讨过程可以有所变化。何时休会，何时变换组织方式讨论，用什么方式提问、建议，等等，可以灵活掌握。

比如私董会通常会在提问环节结束后，有一个短暂休会，目的是导师与案主单独交流，这是为了澄清和进一步确认议题。这个环节可以有三种做法：

第一，导师与案主单独交流后复会澄清确认。

第二，导师在现场公开与案主交流，现场直接澄清确认。

第三，导师与案主单独交流，同时安排参会人员分组讨论这个决策议题是否需要修正，复会时由各小组汇报其看法，再由导师与案主现场交流澄清确认。

其他环节，比如解析原因和建议阶段都可以采取以上方式进行研讨，这样的讨论会更深入。大家发现，如果时间足够，我们用这样的方式研讨，实际上是把私董会融合了其他多种的思考方式，成了"跨界"研讨方式或学习方式。

这里面唯一关键的是"私董七步法"。一位私董成员曾颇有感触地说，私董会是有主题、有诚意、有深度、有程序的"聊天"。这样的聊天，程序是对私董成员的约束，从而达到层层推进、展现事实真相的目的。同时这种程序约束，丝毫不会影响私董成员的头脑风暴，反而会让成员妙语连珠，脑洞大开，比那种一上来问题还没弄得十分明白，就根据自己过往的经验，提了一大堆建议要好得多。

2017 年 5 月 11 日　北京

如何解决企业管理中的误读问题

> 在企业里，需要老板建立起好的沟通渠道、方法（包括私董会方式），淡化权力意识（这个"权力"包含职位权力和经验、专业权力），平等地与企业中的其他管理者交流，这样才能为解决误读提供基础平台和机会。

私董会的有趣之处在于现场的不确定性和之后的启发性。我曾经在上海的一场企业总裁体验私董会主持中临时运用了一个环节，就是在案主陈述议题相关信息之后，我提出请现场成员对刚才案主的陈述做一个回应。我问："你们刚才从案主陈述中听出了什么？"部分成员对此做了现场解读。我转而问案主："刚才谁的解读更接近你的想法？"答："都没有真实理解我的想法。他们只是讲出了一些关键点，但很不全面。"

在这种一问一答中，我有了一些有意思也很有意义的启示：

第一，听清、听懂他人讲话的含义不容易。往往一开始听到的信息，并不是我们想象的那样具有自己认为的确定性，信息被误读或部分误读是常见的。

第二，因为第一条的启示，引发了我的一个思考，就是放下自己，投入现场场景中，用心倾听别人的发言太重要了。

第三，一个人表达自己意愿和陈述一个事实的方式，都会有自己长期形成的习惯，而听者也一样拥有某种习惯，当人们都用自己的习惯去听的时候，容易产生误读。因此换位听、持续问才会让真相呈现。

第四，联想到企业内部管理团队与老板之间的沟通，不知道有多少次、多少信息被误读了，而且这些误读是双向的。

为了解决这些误读，私董会现场可以通过"私董七步法"一步一步推进、解决。但是，在我们自己企业中的误读如何解决呢？这就需要老板建立起好的沟通渠道、方法（包括私董会方式），淡化权力意识（这个"权力"包含职位权力和经验、专业权力），平等地与企业中的其他管理者交流，这样才能为解决误读提供基础平台和机会。

当然，解决误读，达成共识，不仅需要平等交流，还需要积累经验，提高认知力。而我认为构建平等交流的"场"，对于提高企业每个管理者的认知力会有很大的帮助。

2017年6月20日　温州

企业需懂得灵活运用私董会的不同方法

> 私董会是一个好方法，它可以实现不同的目的，满足不同的需求。私董会方法的运用需要设计，这与所有的工作方法需要精心设计一样，看起来一套程序很简单，其中的运行设计是要费心思的。

私董会可以在发现人才，解决专业问题、管理问题，减弱工作与生活平衡的困境，提升思想境界，改善思维方式，凝聚团队、活跃团队等方面发挥一定的作用。

私董会方法的运用需要设计，这与所有的工作方法需要精心设计一样，看起来一套程序很简单，其中的运行设计是要费心思的。比如企业家私董会与企业内部私董会的设计就有所不同。企业家私董会中需要考虑的要素很多，为了保证私董会的有效性，仅从私董成员选择上就会关注企业规模、行业及行业地位、领导者特质与名气等，这里主要关注的是企业之间的匹配度。这个匹配度并不是说企业要"一般大"，因为会出现规模差异很大的现象，而且不同行业对于规模的界定是不同的。行业排名、竞争优势与名气等也可能成为构建企业家私董会组织的一个重要参考方面。

我将企业内部私董会分成三个层次：决策层私董会、管理层私董会、部门私董会（含临时小组私董会）。如果企业规模不大，或者还没有形成完整的决策体系，我们会将决策层私董会与管理层私董会合二为一，统称为管理层私董会或者叫决策与管理层私董会。这三个私董会里的成员也会根据企业不同的需求跨界参与。

企业内部私董会的主题设计也很关键。可用的方法有：现场选题（这是私董会常用选题方法），事先选题（目前已成为内部私董会常用方法），领导者定题（目前使用较少）。使用哪种方法与想要实现的目标有关。如果是为了识别人才，发现人才价值，可以现场选题+事先选题；如果为了解决一个专业问题或管理问题，可以重点采用事先选题；如果为了训练某种技能和改善思维方式，可以重点采用现场选题；如果为了实现领导者某个战略意图，可以由领导者指定具有战略导向的议题，供私董会研讨，也是极富价值的。

如果采用事先选题，目前常用的方法是通过微信平台来选题。企业建立一个内部私董会微信交流群，由私董会组织者（通常设定一名私董会秘书）通知会议计划、议题选择时间和要求，私董成员提出议题，然后分类，开始线上投票，高票当选议题。

还有一种方法是，私董导师（团）会根据议题情况与决策者商议，做第一轮议题筛选，通常第一轮议题筛选会留下不低于总议题数量的50%，筛选的标准是紧迫性与重要性。关于这一点，有的企业在要求私董成员提议题时，注明紧急与重要程度。即使有这样的注明，也需要重新判断，因为不同岗位和层级的管理者，对于问题判断还是存在与企业总体目标的认知有所差异的情况。

所以，对议题做第一轮筛选是可以实践的一种方法。因为是内部私董会，无论谁的议题在先，谁的议题在后，都有机会安排研讨。

2017年10月13日　东莞

如何运用准私董会方法训练管理思维

> 训练管理思维一个很好的方式是，分类别列出一堆问题，按照提问、澄清、解析，最后得出问题解决思路和具体方法。可以个人自我训练，也可以组建团队集体训练。虽然这不算一个标准意义上的私董会方法训练，但是可以部分借鉴私董会方法训练自己对问题的分析能力和解决问题能力，仍是大有裨益的。

训练管理思维一个很好的方式是，分类别列出一堆问题，按照提问、澄清、解析，最后得出问题解决思路和具体方法。可以个人自我训练，也可以组建团队集体训练。其中，独自训练时向自己发问是一件苦活，劳神费心，可以试试根据自己提出的问题，向自己发问。

比如，假设一个问题，"为什么我的销售团队中有人业绩不好，还不进取？"

这时，你可以这样拷问自己：我了解他（们）的想法吗？他（们）愿意做销售工作吗？他（们）做销售有过业绩好的时候吗？业绩好的时候他（们）快乐吗？他（们）对自己的工作状态如何评价，与我的看法相同吗？他（们）对公司如何评价，对产品如何评价，对销售政策有何看法？我和他（们）的沟通多吗？通常是如何沟通的？我帮助他（们）解决过哪些问题？我知道他（们）业绩不好的原因吗？我和他（们）交流过业绩不好的原因吗？他（们）对我分析的原因认同吗？我帮助他（们）一道做过改进对策吗？等等。

管理者勇敢地向自己发问，越多越好，越细越好，问到极致，便会清晰问题根源。或者有可能会否定自己一开始设定的问题，也就是说，那些问题不是他人的问题，是自己作为管理者的问题，是因为自己缺乏深刻思考和积极行动而产生的问题。

独自训练的好处是静心、更真实。不利的地方是在缺乏外部冲突的情况下，自己有可能会妥协，半途而废。如果采取团队训练，可能会弥补一些独自训练时的缺陷。团队训练人数可以是3~30人，完全根据问题研讨需要确定。只要是坚持基本程序，尤其是发问时问细、问深，对分析原因和得出思路、办法有非常积极的价值。

虽然这不算一个标准意义上的私董会方法训练，但是可以部分借鉴私董会方法训练自己对问题的分析能力和解决问题能力，仍是大有裨益的。

2018年5月6日　北京

第十章

私董会形式多元，需对症下药

远程视频（语音）的私董会方式是否可行

方法创新可能会随时出现。通过远程视频（语音）方式来开私董会，提高频次，降低成本，而且解决问题的效率可以与面对面讨论相媲美。当然，远程开会也会有一些麻烦。一方面是通话效果和视频成像效果，这需要设备工具的完备；另一方面，现场私董会可以展示助教对于讨论过程的记录，远程的话不太方便呈现，或者呈现的现场感会弱一些。

方法创新可能会随时出现。之前我在一家科技型企业开私董会时，由于事先不知道私董成员会分属两地（北京、合肥）参加研讨，所以只能通过远程视频（语音）方式来开。这也是不得已，因为议题事先是确定的，需要抓紧讨论，不可能再去安排时间聚在一起研讨了。就这样，一个新的私董会方式开始了。

原本我是有些担心的，可是结果却比较令人满意。不仅是我满意，关键是参会者对问题的讨论结果比较满意。大家谈体会时，认为这种方式不错，可以复制，将来多地企业都可以采用这种方式开私董会，提高频次，降低成本，而且解决问题的效率可以与面对面讨论相媲美。

通过远程两地视频（语音）私董会方式的尝试，给了我一些启示：

第一，聚焦于问题讨论，其实任何方式都是可以创新的，不必拘泥于原有的现场私董会方式，尤其是内部私董会，这样的创新更具价值，因为便捷，且有效率。

第二，案主可能与私董导师及部分私董成员分在不同区域（比如，案主和几名私董成员在合肥，导师和另外几位私董成员在北京），这样做的一个好处是，可以减轻案主的不适，但丝毫不会减轻案主的压力和思考。

第三，远程研讨，看起来松散、自由，某些方面也变得更有趣了。比如案主不在场的这一边的私董成员还可以商量一下问什么问题，不断追问的现象频繁出现，这是现场私董会不太允许的场面。而远程恰恰呈现出另一种自由交流，因为目的只有一个，奔着问题去，所以也就不太管私董成员如何提问了。

当然，远程开会也会有一些麻烦。一方面是通话效果和视频成像效果，这需要设备工具的完备；另一方面，现场私董会可以展示助教对于讨论过程的记录，远程的话不太方便呈现，或者呈现的现场感会弱一些。不过这一点在之前的私董会中反而不突出，不呈现反而让私董成员更用心倾听了，减少了"看"的动作。

2017年7月1日　北京

如何开好专题私董会

一个专题私董会可以形成比较具体的解决方案，但是，这需要用心设计，并开好这次会议。专题私董会可以用两种方式开，一是会员私董会的正常活动，二是会员私董会中的参访私董会活动。

一个专题私董会可以形成比较具体的解决方案，但是，这需要用心设计，并开好这次会议。专题私董会可以设计为1~2天，总时长8~12小时，并在"私董七步法"中加入小组研讨，重视案主体会与行动方案这个环节的时间控制和交流方式，这样做专题私董会的效果就会更加突出一些。具体的成果呈现是：

第一，案主最深的体验分享。主要陈述本次私董会对自己冲击最大的观点、分析甚至批判。

第二，对自己议题的重新分析和定义。

第三，阐明主要努力方向、目标及其改进思路。

第四，重点列出主要目标的改进时间表和具体执行计划。

上述环节如果做到位，对本次专题私董会的贡献就会更大一些。

专题私董会可以用两种方式开，一是会员私董会的正常活动，二是会员私董会中的参访私董会活动。如果采取第一种方式开专题私董会，可以考虑提前做些准备：在事先设定好的线上交流平台（私董会微信群）发布信息，即本次私董会计划围绕某个专题开展研讨，请大家围绕这个议题做一些准备，主要是结合自己的企业实践准备，但不在线上确定议题和案主，这些都留给现场提出议题和选定案主。

第二种参访私董会的方式在我看来是一种好方法，因为到一家私董成员企业参访，事先会设计一个参访及开会计划，所以定位比较明确（参访企业即案主）。案主会做出相关准备，其他成员也会心中有数，明确本次研讨对象是"谁"。这个定位有助于私董成员事先对案主企业及其所处行业做背景了解，便于研讨的深入。

当然，这些准备工作如果不事先强调一下，私董们会不会认真准备呢？通常不会。每个私董都会认为自己有能力在现场提出自己的分析和建议，因此强调、提醒是必要的。这个环节需要让案主企业事先准备的内容包括参访线路、带领人、企业介绍视频与相关资料、私董会会场与相关工具、案主人选（1+X）、议题准备（会上公布）等。

2017年10月23日　北京

为什么小私董会便捷有效

多开一些小私董会有助于快速帮助更多问题者解困。实际上，大家聚在一起的时间是有限的，为了在有限时间里更高效、有效，小私董会方式是可以广泛采用的。这样的小私董会对于一个不能长期聚在一起的非正式组织研究问题来讲，是很经济、很有效率的。

多开一些小私董会有助于快速帮助更多问题者解困。企业家私董会组织也不太可能"一辈子"在一起研究问题，实际上，大家聚在一起的时间是有限的，为了在有限时间里更高效、有效，小私董会方式是可以广泛采用的。小私董会的主要特征是：

第一，时间较短。60~160分钟。

第二，不一定严格遵守"私董七步法"。提问、解析、澄清、建议等环节，可以不同组合并行。比如提问+解析、解析+建议、建议+体验等，案主最后的回馈性陈述也可以不拘一格。

只要能在现场呈现出最直接、最深刻感受就可以了，没必要那么周全。主持人的复盘也可以灵活运用。时长时短，自由主宰。这样的小私董会对于一个不能长期聚在一起的非正式组织研究问题来讲，是很经济、很有效率的。

不仅企业家私董会需要这样的方式，企业内部私董会更是可以采取这个方式研究问题，解决困惑。内部私董会的优势在于大家比较熟悉，但是，要将一批管理者常常聚在一起研究问题，也是有困难的。因此小私董会方式可以推广，聚一次不容易，可以多研究几个问题，节省时间，提高问题解决效率。

从我对企业观察的情况看，如果一定要追根求源，所有问题都会追到顶层去。但是就一个具体问题来讲，即使不在顶层动刀，依然可以就事论事解决。关注问题核心本质，删繁就简，还是非常重要的。

小私董会主要是对一个具体问题的解决，当然你也可以引伸题外启示。不仅是一批管理者聚在一起开小私董会，部门负责人组织部门成员也可以采用小私董会的方式，提出问题，分析问题，解决问题。

如果将这种方式与部门其他研究工作方式有效结合起来，我相信研究问题的效率会更高。无论何种情况下开小私董会，都不能忘了一个规矩，就是要坚持"私董七步法"的规则，只不过因时间、场景不同，可以简化、组合、机动，但是要天马行空。

2017年11月11日　北京

超过40人的私董会如何开

多人数指的是40人以上，多角色指的是不同职位和身份的人，这里还暗含了多行业、不同规模等"不同"因素，越多的"不同"和"多"越能形成私董会现场的多元性。这些多元性对于研讨议题的深入度和广泛度都是一种促进，对于案主来讲能得到更多刺激、指点与启发。

多人数、多角色的私董会，展现出来的多元性会更加突出。多人数指的是40人以上，多角色指的是不同职位和身份的人，这里还暗含了多行业、不同规模等"不同"因素，越多的"不同"和"多"越能形成私董会现场的多元性。

这些多元性对于研讨议题的深入度和广泛度都是一种促进，对于案主来讲能得到更多刺激、指点与启发。

想开好一场40人以上甚至60人的私董会，需要做一些必要的准备：

第一，场地足够大且座位的排列要让每个成员尽可能面对面，否则研讨起来，坐在后排的人会感到自己被"冷落"。当然，这种被冷落感可以通过后排成员的积极心态和现场私董导师的关照解决。如果能形成"主场地＋辅场地"的场地模式更好，主要是便于分组研讨时有足够且分离的研讨环境，提高研讨质量。

第二，提前准备议题。人数多，选择议题过程较长，提前准备好议题一方面可以减轻现场时间压力，一方面可以使案主提前准备好议题相关信息，便于大家更快地进入实质性研讨。比如，在深圳清华大学研究院的一个工商管理班私董会（60人），因为提前筛选了案主，案主与我会前做了电话沟通，因此案主的准备工作做得比较充分，研讨也是相对顺畅和充分的。

第三，现场助教安排。助教扮演的角色是照顾好现场秩序，比如提醒手机关机和静音，集中收放、传递话筒（人数少的时候就不需要助教做这件事了）等。其中助教的一个角色非常重要，就是现场记录呈现，因为是即时记录呈现在投影板上，大家研讨时可以看到自己的成果，呈现越完整、越准确、越迅速，越能调动起大家的积极性。

第四，现场其他配备工具的完好程度。尤其是话筒质量、投影质量不能出错。还要准备白板等工具，方便讨论。一场多人数、多角色的私董会，尽管增加了复杂性，但从研讨效果来看，很值得持续开展。

多元性是私董会强调的特色，因此多人数、多角色交流，更容易产生多元性，对于现场所有参与者都是一种启发。比如老板与职业经理人，大公司与创业公司，等等，在一起碰撞，往往有意想不到的局面出现。

而这些"意想不到"恰恰是私董会需要常常出现的内容，可以加深私董成员对于他人不同观点的理解，加深对自己习惯思考方式、做法的反向刺激和影响，对于改善思维方式，接受多元性是个很好的体验。时间长了，对于私董成员改进自己领导方式和提升领导力，也会有非常大的帮助。

2017 年 11 月 19 日　深圳

什么是述职报告私董会

私董成员可以通过述职报告的方式开展私董会研讨，这样的研讨方式十分有价值。述职报告可以分两种：年中述职报告和年度述职报告。一年可以举办两次述职报告私董会，举办这样的私董会需要选择合理的时间，通常可以在一年的7月或8月（年中述职报告私董会），另一个时间可以选在1月或春节后（年度述职报告私董会）。

私董成员可以通过述职报告的方式开展私董会研讨，这样的研讨方式十分有价值。私董会的述职报告通常有两种做法：一种是私董会小组成员提供述职报告，严格按照"私董七步法"开展私董会研讨；另一种是更开放、自由的方式，不严格执行"私董七步法"，可以提问、分析、建议、评价综合运用，其中的聆听、观察述职报告陈述者的过程，可以刺激自己的思考和分析、建议，同样会对私董成员产生积极贡献。不论何种分析与建议，都是一种有用的参考。

述职报告可以分两种：年中述职报告和年度述职报告。一年可以举办两次述职报告私董会，举办这样的私董会需要选择合理的时间，通常可以在一年的7月或8月（年中述职报告私董会），另一个时间可以选在1月或春节后（年度述职报告私董会）。这两个时间段可以分别针对私董成员不同时期企业发展情况做全面分析，并提供有价值的建议，有助于私董成员更清醒地看待自己企业的经营与管理现状，助推其找到新思路、新方法。

除了上述两种常规的述职报告方式外，还可以附加一种更长时间的述职报告形式，即从创业开始到现在的陈述，这期间的发展经历或许更能激活我们对私董成员的深度理解。这种方式适合私董会小组第一次开展述职报告私董会时使用。

年中述职报告私董会可以采取两种做法，一是全体成员都要述职，接受检验（可以选择自由研讨或"私董七步法"）；二是选择（可以抽签和自荐）小部分私董成员的述职报告开展研讨（可选择"私董七步法"研讨）。

年度述职报告私董会则可全体成员一个一个述职，接受检验。

述职报告可以采用个性化汇报方式，也可以相对标准化。其中一些基本要素需要呈现。包括：第一，总结部分——经营成果（财务与非财务）、主要思路与做法、主要收获与经验、主要问题或痛点等；第二，未来发展规划——定位、目标、思路、主要策略与方法等。其中要突出作为私董成员在企业发展中所扮演角色的陈述，看清自己的领导思路与过程及其对企业发展的影响。

述职报告的方式类似于案例私董会，只不过案例私董会可以针对一个问题写成案例，开展研讨，方式更灵活，不需要像述职报告方式那样包罗万象。我姑且把年中、年度或长时期的述职报告私董会称为大案例私董会。这样可以避免分类过多，不易操作，也可以与小案例私董会区分开来了。

2018 年 3 月 13 日　上海

3 小时体验私董会如何进行

　　3 个小时左右的私董会体验会对于企业家群体或一个企业的内部管理者都是有价值的，它用时少，但私董会基本程序却不少，开好了，完全可以让参与者获得很好的体验，对他们日后的工作是非常有益的。

开好一场 3 个小时左右的体验私董会对于参与者来讲很有价值。其价值包括几个方面：

第一，案主提出的议题虽然不能在短时间里获得很好的解决方案，但是一定能获得非常多的启发，思路上和方法上的启发都不会少，为自己回到企业后进一步研究此问题提供支撑。

第二，所有成员，尤其是案主的体验会更深一些，大家都会得到很好的方法论的启示，使他们在较短时间里获得对私董会运行程序和方法论不同层面的理解和掌握，便于他们日后在自己的工作中运用，也有利于将私董会方法带入企业，为更多管理者使用。

第三，虽然是体验会，时间不长，但是依然会得到一些除议题之外的启示。比如为什么会有那么多和自己提出议题时想象不一样的提问和分析？从而悟出一些不同的想法，并思考作为一个领导者如何面对自己的团队，如何更好（尊重、多元、平等）激活团队智慧。大多数私董成员此前在这方面的认识没有那么深刻，私董体验会正好可以刺激他们，并加深这一认知。

那么，短短的3个小时如何开好体验私董会呢？

因为体验私董会里的人员大多是第一次参加者，也不是固定的私董会小组成员，常常会出现人数众多的情况，通常会超过30人，甚至达到100人，因此要把握好以下几个环节：

第一，如果是现场选题，就不需要每人一题了。可以用"先提先记"的方法，筹集10个议题即可，在10个议题中投票选出本场私董会议题。

第二，提问环节依然可以遵循"顺序题＋自由提"的方式，因为这个环节非常重要，多提问题，对后面的环节帮助很大。在时间有限的情况下，对于现场不能及时提问的成员可以先跳过，有想法后可以及时补提，不需等待。

为了提高提问效果，私董导师可以伺机提问，增加对问题信息的精准收集，引导参与者提问。

第三，澄清环节不可忽略，这需要私董导师与案主的启发式交流，目的是判断案主是否在第一轮提问中获得启示，对自己原先提出的议题有无新的想法，能不能自己做出决定——改变议题或深化议题。

第四，分析原因环节，可以变通方法，采取随机发言方式，想发言的人可以通过举手或立牌方式示意，私董导师点名发言即可。

私董导师需要注意的是，应尽可能让更多成员参与进来，避免少数人占话筒的局面出现，体现私董会共创、众智的特点。

第五，建议环节是大家擅长的方面，同样可以采取随机发言方式，举手或立牌示意即可。

第六，体会环节，除了案主需要给出一定时间（比如5~10分钟，可以允许时间延长至15分钟）陈述自己在本场私董会的收获和下一步的行动外，还可以选择10%~15%的参与者谈谈体会和自己的下一步行动，不用人人过关。

第七，复盘环节依然是重要的。在体验私董会上，复盘的关键在于指导大家理解私董会过程的重要性，理解每个环节的特点与奥秘，方便参与者日后运用私董会方法为自己的工作，为自己的团队研究问题、解决问题提供帮助。

当然，私董导师对于现场议题也可以给出提示，提示的重点有两个：一个是议题本身的提示，一个是议题引发出来的提示。3个小时左右的私董会体验会对于企业家群体或一个企业的内部管理者来说都是有价值的，它用时少，但私董会基本程序却不少，开好了，完全可以让参与者获得很好的体验，对他们日后的工作是非常有益的。

2018年4月16日　北京

怎样开好诊断私董会

诊断私董会可以成为一家企业研究问题、解决问题的重要方法，并加以应用。诊断私董会是咨询方法的延伸，其核心在于使用"私董会七步"，有程序地研究问题，给出建议，并不是简单发散式地讨论问题、给建议。另一个关键是团队导师机制，保障了研讨质量的提高。

诊断私董会可以成为一家企业研究问题、解决问题的重要方法，并加以应用。它的运行需要注意的几个事项：

第一，参加人员：企业方——企业决策层、管理层（也可依据企业实际需求扩大范围，由企业自己决定），通常老板带队或指定带队者。私董导师团5人以上，确定一名主持导师。

第二，研讨的议题可以有两种方式确定：事先确定、现场选定（大主题下选择具体议题或随机选择议题）。

第三，议题范围是广泛的，但是需要聚焦企业发展的关键问题。比如战略问题、与战略关联度紧密的管理问题，尤其是需要突破的瓶颈问题。

第四，尽量离开企业主场开私董会，避免工作干扰。

第五，我更主张事先确定主题再研讨。可以多做与主题相关联的信息准备，比如准备好文件（一份PPT汇报材料、一份相关补充阅读材料）。若是全面管理诊断或多个问题诊断，则需延长研讨时间。通常单一主题1~2天，综合主题2~5天。

这种诊断私董会是咨询方法的延伸，其核心在于使用"私董会七步"，有程序地研究问题，给出建议，并不是简单发散式地讨论问题、给建议。另一个关键是团队导师机制保障了研讨质量的提高。这个质量的提高可以归结为"团队导师＋私董会七步＋企业团队"的融合，缺一不可。

2018年5月22日　北京

第十一章

内部私董会：群策群力，共创共赢

内部私董会如何组织

> 内部私董会不应该回避内部可能存在的管理问题，这里有两层含义，一层是内部私董会是奔着暴露问题、解决问题去的，为何要回避？另一层含义是如果老板在内部私董会现场（即使是某一系），就不能顺畅讨论，大家缄默不言，或者支支吾吾，不能真实地讲话，这本身就是一个严重问题。

企业内部私董会人数的多少并不是什么要紧的事，关键是如何组织讨论问题。内部私董会针对什么人开展，也不需要过于在意，在我看来，哪个层次都可以。企业一般会将私董会这种方式用于高层、中层管理者，也可以分部门、分系统，或者跨部门开展。

我们开内部私董会只有一个目的，就是发现问题，解决问题。而解决问题并不是就事论事，而是广泛深入地解剖有关这个问题的方方面面，最后达成对这个问题的共识，从理念、思路和方法等方面形成对问题提供者（案主）的帮助。

我们会发现，现场的每一个人的提问、分析、建议都会折射出自己的心思。在为案主解惑的过程中，试图探寻解决自己的困惑，私董会的魅力在这里已体现出来了。如果是企业一个系统的私董会，会不会为了更具开放性，而不允许老板参与现场讨论或者旁听？这时有三种做法：

一是老板不仅参加，而且以私董成员身份参与正式讨论；

二是老板参加，但只是旁听，不参与讨论；

三是不参加。

我更主张企业使用前两种方法。因为，内部私董会不应该回避内部可能存在的管理问题，这里有两层含义。一层是内部私董会是奔着暴露问题、解决问题去的，为何要回避？何况大部分的关键问题，特别是制约公司发展的瓶颈问题、机制问题等，都与老板和主要决策者相关。

另一层含义是如果老板在内部私董会现场（即使是某一系统），就不能顺畅讨论，大家缄默不言，或者支支吾吾，不能真实地讲话，这本身就是一个严重问题。老板现场参与，如果出现这样的局面，会对自己产生强烈的刺激。如果坚持完整个私董会活动，对老板和大家既是一种煎熬，更是一种修炼！至于私董会主持人的控场能力是另一个要素，但不是决定这场讨论的第一位要素。

2017年2月19日　衡阳

为什么企业管理者要成为内部私董会导师

每个企业内部培养出可以主持私董会的老师，这对企业来说十分必要，而且不难。私董会引入企业内部，也不过是让管理者换一种或者是增加一种研究问题的方式，可以丰富自己的认知，提高研究问题的深度，有助于让更多人参与进来，增强团队战斗力。

每个企业内部培养出可以主持私董会的老师，这对企业来说十分必要，而且不难。这主要因为以下几点：

第一，是管理者意愿是否强烈，有成为企业内部私董老师的意愿很重要。在我看来，研究一个问题，用私董会方式与过去的研讨方式，是一个互补，某种角度上看是一个迭代。如果管理者不愿意做一些新方法尝试，那就比较难；如果有意愿，就比较容易成功。

第二，内部私董会可以分成综合性的、战略性的主题私董会，可以针对一个个专业问题形成专题私董会，比如针对预算、审计、供应链、人力资源开发、渠道管理、品牌推广等。可以在一个个专业领域再细化出无数个小专题，用私董会方式进行研讨。

可以设想，这些专题都是企业发展中常见的管理问题，做管理者是有理由深究的，私董会不过是提供了一种更好的方式而已，用的时间长了，效果就会显现。

第三，企业内部提供了无限的老师资源。长期的管理实践，持续训练着不同层级的管理者，实践可以推动管理者思考，并且不断行动去解决问题。

私董会引入企业内部，也不过是让管理者换一种或者是增加一种研究问题的方式，可以丰富自己的认知，提高研究问题的深度，有助于让更多人参与进来，增强团队战斗力。目前一些企业有自己的内部培训学院，那么也可以借助学院平台，打造私董老师团队。

好的方式不仅不应当拒绝，而且应当积极尝试。相信私董会的实践，尤其是在企业内部的实践，一定会给企业团队素养和能力提升带来价值。我们看到越来越多的老板和管理者，在外部选择参加各类学习组织，其中很多是私董会组织，不断修炼自己。有的老板积极将自己打造成一个私董老师，在外部学习之后，就在内部实践，起到了不错的效果。

2017年7月5日　北京

是外部顾问合适，还是内部顾问合适

> 尽管我认为外部顾问可以帮助企业更好地开内部私董会，但是我还是竭力主张内部人解决内部人的问题。企业内部应当，也必须造就更多的具有顾问特点的管理者，老板及其管理者同伴们就应当扮演这样的角色。这一过程，不仅对私董成员是一种历练，对老板主持人更是一种历练。

尽管我认为外部顾问可以帮助企业更好地开内部私董会，但是我还是竭力主张内部人解决内部人的问题。外部顾问不可能一刻不停地在企业，总归要靠自己帮自己，来解决企业经常发生的问题以及需要随时解决的问题。

如果过度依靠外部顾问，对企业来说不是一件好事。企业内部应当，也必须造就更多的具有顾问特点的管理者，老板及其管理者同伴们就应当扮演这样的角色。比如老板扮演私董主持人角色，其优势在于对企业情况了解，对企业管理者了解，因为通常参与内部私董会的都是管理者，而且是关键的管理者，因此老板对他们的了解程度会更高一些

（通常的理解，也许有偏差）。

基于此，老板主持私董会的话，优势突出，容易引导私董成员讨论某个议题。但根据我的观察，这种优势有时也会成为劣势。因为老板主持太过了解内部人，导致别人发言时，容易出现言不由衷、不真实的一面；或者不能出现主持人想要的答案时，老板一着急，忘记了自己是主持人，马上开始扮演老板角色，干预讨论话题，强制引导讨论方向。

私董成员在现场讨论过程中，会对老板主持人的角色转换比较敏感，因此这种角色的转换，容易导致讨论中断。中断的原因不简单是老板角色转换造成的，背后的原因是，私董成员提问、分析、建议的内容，只是与老板的看法不同而已。他们现场提出的一些看法，或许恰恰是老板平时不了解的信息，由于这样的"场"的作用被提出来了。老板也许并不知情，并认为自己比他人更了解内情，因此通过主持人的角色进行干预。这一干预，就导致了讨论中断，或者出现尴尬局面，私董会效果也打了折扣。

所以，老板当私董主持人，有优势，也有劣势。而且，往往优势同时就是劣势。因此，当主持人可以逼迫自己做一些改变。因为你当了主持人，就要像外部顾问当主持人一样，少发表观点，多引导，多听。听进去了，听明白了，对私董成员的了解程度就会加深。你不仅可以更深地了解他们的沟通习惯，还可以了解你不知道的信息，这些信息也许你平时根本无法知晓。

这一过程，不仅对私董成员是一种历练，对老板主持人更是一种历练。尤其是对"性格刚毅，办事麻利，喜欢直接指挥，强调快速行动"的领导人，更是一种有效的修炼。

2016 年 11 月 27 日 杭州

决策层私董会如何组建与运行

推动组织变革与发展有很多方法，其中，组建企业决策层私董会是个好方法。决策层私董会组建的目的，是解决企业核心成员之间对企业"战略与执行"的共识与方法等问题。决策层私董会的主题需要事先确定，确定方法是通过微信群或其他网上办公手段解决。可以聘请外部顾问担任私董会导师，也可以自主运行，互为导师。

推动组织变革与发展有很多方法，其中，组建企业决策层私董会是个好方法。决策层私董会由企业内部核心管理层（包括董事长、总经理、副总、总监级管理人员）构成，可以采取"1+X"模式进行，"1"为固定成员，"X"为变动成员。

决策层私董会组建的目的，是解决企业核心成员之间对企业"战略与执行"的共识与方法等问题。其基本运行规则是，每月（或两个月）开一次会，每次会议时间4小时及以上，可以在企业开会，也可以另找地点封闭式开会。

决策层私董会的主题需要事先确定，确定方法是通过微信群或其他网上办公手段解决。可以聘请外部顾问担任私董会导师，也可以自主运行，互为导师。即使一开始聘请外部私董导师，我也主张未来脱离外部导师，转向内部导师运行。

也许有人会问，企业不是有董事会或者总经理办公会制度吗？但在我看来，企业的正式治理结构是不是健全的，往往要打一个问号，或者说其运行还需要磨合和不断改进。内部治理模式下的董事会、总经理办公会同决策层私董会的运行不是一回事，前一个董事会通常是议事决策组织，权力与决策是其核心；后一个私董会是研讨共识组织，平等与共识是其特质。

董事会是做决策的，而私董会是推动决策共识的方法。比如，要不要开展全面预算工作，如果权力归属董事会，由董事长组织召开研究这件事是否推行，大家会根据现状讨论这件事可能会给企业带来的价值。但是通常的会议现状是"一言堂"居多，或者这件事已经决定了，只不过是拿到会议上议一议，有时就是走过场，是不是形成共识，的确不好说。

私董会则是对这件事是否推行做一个很好的证明，谁提出这个议题，谁当案主，按照私董会的一套程序运行下来，就会得到非常不错的研讨。或许得出的结论与一开始的想法是不太一样的，即使进一步验证了这件事是一定要做，也会得到相对全面的思考。而这个过程体验，恰恰是形成共识、推动决策的过程。这就是决策层私董会的价值所在。

回到一开始我的疑问：董事会与总经理办公会是不是健全的？能否有效运行？这个问题本身也可以通过决策层私董会得到共识，从而推动其健全与改善，并发挥其原本的决策与管理价值。

2017年6月8日　温县

什么是企业内部小组外化

对于创业者和企业家阶层，我更主张加大分量用碰撞的方式解决自己办企业或人生定位的困惑。一群人可以组建外部的小组，也可以组建企业内部小组。无论是外部小组还是内部小组，都可以将这一群人结构化。

实践，是无法回避的学习方式，而且存在于我们日常的工作和生活当中。实践，会促使我们思考工作和生活本身的得失，其中的思考与改善行动，会让我们变得更加的理智、从容。

除实践之外，还有若干种学习方式可以借鉴：比如找一个僻静处认认真真读书、思考，听大师讲座，游学天下，找一群志趣相投的人一道碰撞，等等。这里需要结构化学习方式，使自己学习的效率更高一些。因此每个人都会做出不同选择。

对于创业者和企业家阶层，我更主张加大分量用碰撞的方式解决自己办企业或人生定位的困惑。碰撞的方式也有多种，找一群人，包括企业家（不同或相同行业、不同规模、不同创业经历等）、专家（不同领域、不同名气等）组成一个小组，定期或不定期在一起碰撞。

碰撞方式可以头脑风暴，可以漫谈，可以读书分享，可以采用"私董七步法"开私董会，可以"微咨询"，等等。这其中，我更主张加大"私董七步法"和"微咨询"在碰撞活动中的分量。"微咨询"与私董会都是共创、共享模式，将每一个参与者的智慧激发出来，是这两种模式的核心价值。两种方式互相融合，运用好了，碰撞的效率与结果都会非常突出，参与者体验也会很深刻。

一群人可以组建外部的小组，也可以组建企业内部小组。无论是外部小组还是内部小组，都可以将这一群人结构化。外部小组结构化很容易形成，那么内部小组结构化如何定义呢？

内部小组外化，即引进少数外部企业家朋友、专家朋友或合作伙伴，扮演内部角色，参与碰撞特性的私董会与"微咨询"活动，这种结构化有助于增加碰撞的多元与平等性。

内部小组外化的特点越来越受到企业家的青睐，将自己内部的问题，与外部人进行碰撞，而且是相对固定的小组成员，既起到了内部人历练的作用，也起到了第三方多元客观的作用。学习方式的变化与创新值得企业家、创业者好好琢磨，多一种有效学习方式，就有可能多一个创意与办法产生的路径。

2018年5月29日　东莞

如何运用内部私董会方法研究问题

> 企业用内部私董会的方式研究问题，是一种很好的方法。这种方法用好了，可以提升管理者的素养和能力。长期实践，对每一个参与者的思考方式和行为方式，都将产生积极影响。开内部私董会，可以本部门开，也可以跨部门开。

企业用内部私董会的方式研究问题，是一种很好的方法。这种方法用好了，可以提升管理者的素养和能力，可是要运用好它确实不易。

如前所述，让老板当主持人是一个不错的选择。除此之外，高管、中层管理者中的任何一个人，理论上说都是可以扮演私董会主持人角色，只是修炼的好坏问题。主持水平高与低，对于私董会的场面控制力有较大不同，效果也自然不同。不过，我觉得这一点并不需要过度担忧。因为组织内部私董会，其目的是为了共同讨论一个议题，希望通过对这个议题的讨论解惑，突破瓶颈。因此，遵循私董会的基本程序和规则，老老实实地讨论下来，就会有收获。

内部私董会需要担心的是，如果不按程序走，每一步讨论不实，效果就会大打折扣。比如议题选择之后，就要开始提问。可是这个环节，在企业内部开会或小范围交流时，无论是老板和下属之间，或者是同事之间（本部门与跨部门），大家交流时不习惯提问，通常是问题（议题）提出后，参与者会迫不及待地提出建议。

提问环节不下功夫，不能穷追不舍地追问，想要了解议题的真实、全面（即使做不到，也要在有限时间里尽可能获取）的信息几乎不可能。信息不够充分，后面的环节进行就存在缺陷，不利于问题的深入研讨和方案的得出。

私董会创立的目的，就是可以更多听取他人意见，可以展现对一个问题多元的看法。平时司空见惯的现象，通过这样的方式一讨论，便会有所不同，这是很有价值的学习实践。

长期实践，对每一个参与者的思考方式和行为方式，都将产生积极影响。开内部私董会，可以本部门开，也可以跨部门开。这两种情况下，谁做主持合适呢？除了外部顾问，企业内部的老板、跨部门管理者（高管与中层）都可以尝试这个角色。

当然，本部门的管理者可以主持自己部门的私董会，需要注意的是，必须坚持讨论程序，必须创立平等、独立的交流氛围。对企业来说，这是一个必须持续坚持和修炼的过程，做到这些并通过长期实践，必会大有收获。

2016年11月28日　南浔

内部私董会怎样解决专业与衍生问题

内部私董会主要有两大功用：一是解决专业问题，二是解决专业衍生问题。所谓专业问题就是对问题本身规律性的探讨，并得出解决思路，甚至找到比较具体的方法。专业衍生问题则是指通过某一个专业问题研讨，得到额外收获，比如生出更多关于领导者思维、艺术方面的新东西。

内部私董会主要有两大功用：一是解决专业问题，二是解决专业衍生问题。

所谓专业问题就是对问题本身规律性的探讨，并得出解决思路，甚至找到比较具体的方法。专业衍生问题则是指通过某一个专业问题研讨，得到额外收获，比如生出了更多关于领导者思维、艺术方面的新东西。

我将内部私董会分成了决策层私董会和管理层私董会，它们的组成分别是，前者为公司董事会或主要决策成员，后者则主要为高中级管理层。在开决策层私董会时，我们尤其要注意一个细节，就是在多个节点，多注意形成共识。我这里假设主要领导者当案主，在案主陈述议题相关信息后，我会问在场的决策层私董会成员，大家对案主提供的有关议题信息听清、听懂了吗？并建议大家做出自己的理解的陈述，旨在告诉大家用心听多么重要，听懂、理解意图多么重要。否则听不清、听不懂，如何有效讨论问题？

不仅是上述环节如此，在过程中若干个节点都可以增加共识确认的研讨。比如议题澄清环节，同样可以不采取背靠背的方法，用不休会的方式在现场进行提问环节后的议题澄清，即共同澄清议题。

这样的处理方式也让私董成员体验到，大家正在研讨的问题是不是真实的问题，对于我们赖以生存的企业是不是重要的，此时形成共识，对于后面的环节研讨十分有价值。同理，原因分析环节对原因的共识，对建议环节一些建议的共识，甚至研讨过程中不仅仅是"私董七步法"中的主要环节需要进行共识确认，在一个大环节中的小细节也会进行共识确认。

这么做的目的只有一个，不断强化私董成员的一个认知：共识是重要的，但共识达成是非常不容易的。所以，告诫决策层私董成员，如果我们此时此刻正在发生的研讨，形成共识都不容易。设想没有这样的场景，没有外部专家和导师参与，产生听不清、听不懂，从而导致信息误读会不会是一种常见观象？

2017年9月1日　北京

参加内部私董会怎样忘掉工作中的角色

通过我的观察发现，一些企业内部私董会存在一些运行上的难度，主要是私董导师的独立性问题，如果是由外部导师担当，难度要小一些。而内部管理者自我担任主持人角色，早期难度会大一些。只靠着外部导师来运行内部私董会是不合理的，必须内部人解决内部人问题，这样更便捷、更有效，更有利于团队成长。

企业组建内部私董会组织的价值主要有几点：

第一，可以深入研讨从战略到执行的经营与管理问题。主要原因是私董会有一套方法论和运行规则，确保每一位私董成员能够在自由、平等、充满关怀的氛围里独立发表意见和建议。其中，不仅解决共识问题，也解决具体管理和专业问题，以此为基础升华议题，对思维方式和价值观的革新同样会产生积极影响。

第二，能够解剖和验证私董成员的能力和素养，包括倾听、理解他人意图、沟通、洞察、精准建议等能力。私董成员在多次私董会研讨过程中会得到不同的体验，而且随着时间推移，私董们的体验会越来越深刻，对自我的判断越来越精确。这些在私董会上反映出来的对自己的判断也会自然带入实际工作中，并加以自我改进。

第三，可以帮助组织的决策者发现人才。比如，老板和其他决策层成员参与管理层私董会，就很容易通过每个人在私董会中各个环节的表现，判断其能力结构和特质。既能发现其弱点，更能掌握其优势，从而帮助老板找到需要的人，或者找到扬长避短的路径和方法。

通过我的观察发现，一些企业内部私董会存在一些运行上的难度，主要是私董导师的独立性问题，如果是由外部导师担当，难度要小一些。而内部管理者自我担任主持人角色，早期难度会大一些。在我看来，这个现象不奇怪，随着时间推移会慢慢解决。只靠着外部导师来运行内部私董会是不合理的，必须内部人解决内部人问题，这样更便捷、更有效，更有利于团队成长。

对上述现象产生的原因我认为关键在于角色意识。这里包括：职权意识（职位高低在自己看来是不一样的，有意无意强化了这个意识，开会时不论是案主角色还是私董角色，都不能很平静地扮演），资格意识（进入企业早，了解企业，老资格心理导致不能与其他私董平等交流问题，造成研讨障碍），经验意识（在自己的领域形成自己认为的不可颠覆的经验，他人不能碰，碰则产生对抗，将自己裹在一个壳里，不愿钻出来看看别人的世界，听听不同的看法，接受不同角度的思考，因此很难在私董会上形成真诚流畅的意见交换）。

如果这些意识能被私董会强调的平等、真诚、倾听、放下等原则与方法替代，那么企业内部私董会，无论是决策层私董会、管理层私董会、部门私董会或者这三者的交叉组合运作，都不是问题。并且企业内部的跨界私董会运行得越顺畅，也间接反映了内部部门本位界限被打破，自组织形成的概率加大，管理效率会大大提升。

2017年9月19日　黄山

开好内部私董会需要把握哪些要素

企业内部决策与管理层私董会可以先由外部专家协助举办，一方面熟悉程序，一方面培养内部专业导师。部门私董会却完全可以由企业内部自我运行。单个部门私董会可以围绕实际问题，每周选一个成员的议题做研讨，每次半天或一天，最后形成文字资料，作为企业内部重要案例研讨文件。这不仅解决了自己部门成员存在的困惑，还可以为企业沉淀知识财富。

私董会在企业内部的应用需要把握好几个要素：

第一，创始人和决策团队要开放心态，允许不同声音出现，要有探寻不同声音的欲望和需求，这样可以创造更好的环境。

第二，人力资源开发与管理部门要有充分认知，没有人力资源管理部门的主动性，也不太可能在企业内部造就私董会研讨氛围。这对于人力资源管理负责人是个考验，他需要态度端正、积极，能力过硬，否则组织这项工作是困难的。

第三，不仅是人力资源管理部门，其他管理者对私董会也要有认知，有积极响应的愿望和行动。

第四，短期内要有一个第三方帮助解决初期的组织与主持工作，待熟悉后转入内部常态化工作。

目前情况看，企业内部决策与管理层私董会可以先由外部专家协助举办，一方面熟悉程序，一方面培养内部专业导师。部门私董会却完全可以由企业内部自我运行，单个部门私董会可以围绕实际问题，每周选一个成员的议题做研讨，每次半天或一天，最后形成文字资料，作为企业内部重要案例研讨文件。这不仅解决了自己部门成员存在的困惑，还可以为企业沉淀知识财富。

如果每个部门都这样做了，一年下来，企业管理经验积累会极其丰富。可以预见，私董会方法的学习与工作研究方式，一定会带来团队成员素养和工作效率的提升。把私董会引入部门是个创新举措，尽管私董会也不是一个新生事物，但是对于企业部门人员来讲，平常忙于工作或一直处于应付工作状态，稍微静下来研究研究工作中的瓶颈问题，让思想跟上脚步是必要的，也会有意想不到的收获。这是我对企业部门引入私董会的实践认知与未来预测。

如果团队成员习惯凭经验、直觉快速判断问题，看起来效率不低，但是犯错概率并不小。有些虽然满足了工作效率要求，但是团队成员并没有解决从思想到行动的问题，需要通过深度交流化解困惑，否则积累久了，团队积极性会受影响，效率也会下降。而内部私董会可以让大家充分发言，或许可以从中发现更多改进的机会。

2017 年 11 月 21 日　泉州

内部私董会需要多长时间能够见效

> 私董会一定能推动某个问题的改善或者解决。不论是短期出现的还是长期困扰的问题，都可能在企业内部私董会上得到比较好的分析、判断、思路与方法。内部私董会的建立与运行，会对企业产生重要影响，尤其是在推动企业战略清晰，团队自我觉醒、素养提升和凝聚力等方面发挥重要作用。

企业内部私董会并不是能够完全地实现预期想法，或者解决一直以来困扰的问题，至少短周期的私董会不能达到我们所设计的理想效果。但是有一点可以肯定，私董会一定能推动某个问题的改善或者解决。不论是短期出现的还是长期困扰的问题，都可能在企业内部私董会上得到比较好的分析、判断、思路与方法。

所以，私董会即使不能短期内一蹴而就，也有可能能促进此问题的最终解决。我之所以能够有此判断，原因是：

第一，私董会有一套很好的逻辑和运行程序，遵循它，便有效果。无论哪个环节，用心做了，都会有收获。

比如选题阶段，常会发现问题选择不那么容易，平时那么多问题需要向老板陈述，可是一上场就"忘了"，这不是真忘，而是不能准确表达。造成这一情况的原因很多，其中有两个原因很关键，一是不敢直言问题，怕老板知道了怪罪；二是自己缺乏深度思考，讲不清楚。

这时私董会的价值便开始显现，必须过提不好问题这一关，这一关过了，也就进步了。随着时间推移，私董会渐入佳境，会促进和帮助改善企业研讨问题的环境。

第二，私董会有一帮真心相处的人。

这些人是人才，是有经验、有能力帮助他人的人才。大家组织在一起，有了一个"场"，说起话来敞亮，时间长了，这个"场"成了自我传道、授业、解惑的能量"场"。不管什么问题，只要你敢提出来，我就可以给你论一论，搞出个结果来，不信你不改变对原有问题的看法，不信找不出思路和方法来。

第三，私董会还有导师陪伴。

我主张内部私董会导师内部化，而不是长期依赖外部导师。最初可以与外部私董导师合作，有助于推动内部私董会走上正轨。后期主要靠内部自我运营，有助于内部私董会常态化，更便捷、有效地解决企业各层面发生的问题，尤其是突发问题。

私董导师是个团队，不是个人。常态化私董会看起来只是找了一个主持人，也称教练，实际上这个做法，时间长了，效果会大打折扣。主要原因是对一个人的依赖性过强，如果秉持私董导师团队理念，就会减缓效果递减趋势。

如果更换私董导师团队部分成员（包括主持人、观察员），就会促进创新思维的局面出现，有助于内部私董会的生生不息。

基于以上三点，内部私董会的建立与运行，会对企业产生重要影响，尤其是在推动企业战略清晰，团队自我觉醒、素养提升和凝聚力等方面发挥重要作用。

希望企业家们多多尝试！有益，则坚持；无益，则放弃。而且，要反思为何无益，是我们的理念和方法有问题，还是其他因素？反思、提升、持续改善，才会有进步。

2018年1月9日　北京

熟悉导致无法动刀，陌生就会无所顾忌

企业内部管理层私董会对案主的解剖往往更深刻，其原因是内部人更清楚内部情况，这里包含对行业、企业、老板及其管理团队的了解深度。内部私董会不断深入，大家能够沉浸其中，投入度越来越高，便会不顾及内部熟悉的环境对自己的约束，当更多意见和分析均来自想帮助他人的意愿和真心时，内部私董会便会渐入佳境。

企业内部管理层私董会对案主的解剖往往更深刻，其原因是内部人更清楚内部情况，这里包含对行业、企业、老板及其管理团队的了解深度。熟悉情况，便于开展内部私董会，但难点也在于此。

能不能放开、关怀式地去动刀，能否让案主体会到大家的用心良苦，是需要时间和环境的。内部私董会不断深入，大家能够沉浸其中，投入度越来越高，便会不顾及内部熟悉的环境对自己的约束，更多意见和分析均来自想帮助他人的意愿和真心时，内部私董会便会渐入佳境。

通常我们会认为，内部私董会对导师的要求会更高一些，这个"高"主要是指对企业内部情况的熟悉程度、理解程度，还有对企业所处行业的研究深度，等等。了解深一些、多一些，对于开展企业内部私董会是有好处的。

但需要提醒导师和企业内部私董会需求者的是，一场内部私董会并不只是找一个结论（果），而是通过过程演绎获得启发。某种具体结果，是私董会后产生的，不是私董导师给的，是私董导师带领大家研讨后启发大家，引发解决问题思路的方法解决的。而且这样的问题解决有举一反三之功效，不是一锤子买卖。

内部私董会过程让参与者思维通透，知道如何思考工作、定义工作和做好执行是上策，这样的改变才具有可持续性。下面，让我来进一步分析一下内部私董会过程的妙用。假设现在做一个陌生企业的内部私董会，现场即时选题，然后开展研讨。这个过程看起来是从陌生开始的，可就是因为这个"陌生"，会产生与熟悉情况下不一样的体验。因为陌生，私董导师就不会自我设障，会更开放引导讨论问题，不会受到熟悉的影响。

很多时候，在熟悉情况后，人们多少会受到此前一些判断的左右，不利于引导发现新问题。不仅导师如此，内部成员更易如此。由于内部成员相互之间很熟悉，很多时候便不会再问或者分析一些自己已经看清的问题，此时，对内部私董会的贡献就会大大减少。而陌生则不会，因为不清楚，又想搞清楚，便有了好奇心，提问、分析、建议更有开放性。

这个过程本身就是一个调查和获得某种验证的过程。比如通过从陌生到熟悉的过程，可以观察到一个私董成员的提问能力、分析能力和思维习惯等，对人才来说也是很好的检验，这本身是个价值贡献。可是当人们更在意得出议题结果时，会忽略这个更重要的内部私董会价值，这必须引起大家的注意。

2018年1月27日　北京

内部私董会有哪些"破坏力"

私董会强调平等，强调尊重他人的独立思想。这样的场景下长期修炼，养成新的习惯或者改善原有习惯，是一种常态。敢于接受这种"破坏力"的，是拥有好奇心、自信心和愿意不断改善自我的人。通过内部私董会组建，将一些关键人员组成私董会小组，长期在一起修炼。"破坏力"源起外部私董导师，活跃于内部私董导师的孵化和持续实践。

内部私董会是具有"破坏力"的，主要表现在：

第一，破坏管理者的思考方式。只要你在内部私董会组织中，参加私董会后，你就会逐渐发现，自己原有的思考方式会受到不同程度的挑战。你会从一开始自觉或不自觉地拒绝改变，转化成不得不做出改变。潜移默化的作用是随着时间推移呈现的。

第二，破坏管理者的行为方式。受到私董会长期的熏陶，想不做出管理行为的改变或者改善，几乎是不可能的，你会自觉地将这样的会议方式带入管理实践中。

私董会强调平等，强调尊重他人的独立思想。这样的场景下长期修炼，养成新的习惯或者改善原有习惯，是一种常态。过去用急躁的方式管理团队，现在或今后会平和一些；习惯经验式直截了当地决策和布置任务，修炼后或许会增加一些系统分析，从中找出对策，而不只是直觉决策；从只靠自己的判断，转变成习惯听取更多意见。

敢于接受这种"破坏力"的，是拥有好奇心、自信心和愿意不断改善自我的人。通过内部私董会组建，将一些关键人员组成私董会小组，长期在一起修炼。每个人都会成为自己的镜子，一开始依靠外部导师引导，接下去，应该是每个成员对他人的引导，抛开导师，或者是产生内部导师，而不是依靠外部导师。

做到这一点，私董会"破坏力"的价值将会进一步增加，这也是每一个追求卓越的外部私董导师应该具有的格局。外部私董导师将内部私董会成员修炼成私董导师，形成互助式的私董会组织，这种价值对于每个私董成员都是很重要的。这不仅是对私董成员自身的价值提升，更重要的是私董导师的孵化作用。种子选手们将私董会方法运用到实践中，不断组建或通过临时组织，开私董会，去研究管理实践中的各项问题，并不断修炼更多层级的管理者，对团队建设将起到非常有益的作用。

所以，"破坏力"源起外部私董导师，活跃于内部私董导师的孵化和持续实践。

2017 年 9 月 2 日　北京

内部私董会的神奇效果

　　我一直主张企业家、创业者加入到私董导师队伍中来，这样不仅可以将自己丰富的创业经历与管理心得带入私董会，更关键的是为自己领导的企业提供合适的方法，可以改善自己的领导力，改善企业经营管理氛围，也可以深度发掘并很好地使用人才。

当企业家们参加私董会并获得良好体验时，私董导师是非常有成就感的。如果私董成员有比较强烈的愿望想成为私董导师，这种成就感就又加了一等。

我一直主张企业家、创业者加入到私董导师队伍中来，这样不仅可以将自己丰富的创业经历与管理心得带入私董会，更关键的是为自己领导的企业提供合适的方法，可以改善自己的领导力，改善企业经营管理氛围，也可以深度发掘并很好地使用人才。

建立内部私董会并开展研讨，在我看来应成为企业管理的规定动作。尽管私董会在内部的建立会出现"不和谐"，这种"不和谐"有几个含义：

第一，团队成员过去不敢说的话在私董会上敢说了。

第二，团队成员过去想说没机会说的话在私董会上有机会说了。

第三，团队成员过去不愿说的话，在私董会上可以坦露心迹说出来了。

而这一切，人没改变，会议室也没改变，原有的资源也许都没有改变，但是引入了一种私董会方法，却可以发生改变，甚至是根本改变。

既然私董会有着这样神奇的效果，为什么大部分企业并没有积极导入这种方法呢？

第一，不知道。

第二，知道了，但是将信将疑。

第三，体验了，发现有些刺激，有点不敢导入内部，怕失控。

第四，内部缺少像样的主持人。

第五，认为它不过是一种研讨方法，不屑一顾。

不深入研究和实践一种方法，是无法体验个中奥妙的。想做到深入，主要与几个要素有关：

第一，放下自己，不要总认为自己的东西最好，这样容易屏蔽掉一些好东西的渗透。

第二，保持好奇心。新事物（虽然私董会进入我国也有十几年了）来了，首先不要拒绝，可以先尝试再做选择。不要站在门外，猜测里面没东西，或里面东西都不是你要的。

第三，尝试了，但浅尝辄止，也是没有说服力的。刚一尝试，认为就那样了，没什么了不起，但如果你多试试，再做判断，这恐怕是一种更为科学的态度吧。

大胆假设，小心求证，是要坚持的。假设它不错，需要验证，验证就需要反复实践，反复总结与改善；假设它不行，也要验证，验证一次不行，要多次实践。

2017 年 11 月 20 日　厦门

为什么说内部私董会具有审计功能

内部私董会具有审计功能，通过私董会程序的运行，可以发现每个参与者的思维习惯、经验积累、知识结构、沟通能力、性格与管理特点等。善于运用私董会方法，对于提升管理者的能力和素养会起到积极的作用。内部私董会不是单向的旁观者发现，在过程中自我发现功能可能更加强大。

内部私董会可以帮助企业判定管理者的需求。因为内董会具有审计功能，通过私董会程序的运行，可以发现每个参与者的思维习惯、经验积累、知识结构、沟通能力、性格与管理特点等。

善于运用私董会方法，对于提升管理者的能力和素养会起到积极的作用。即使不能立刻改变，也能发现管理者在何位置。判定深浅后，对于后期改进也会有积极意义。

内部私董会不是单向的旁观者发现，在过程中自我发现功能可能更加强大。随着私董会的深入，每个参与者都会自觉或不自觉地进入某种清醒的状态，对号入座，审视自己，发现自己是个什么样的人，发现自己缺什么，具备了什么，下一步该如何办。几乎每个参与者都会这样思考，包括主持导师、观察员和私董会的组织者，无一例外，只是深浅程度有所差别。

老板与合伙人在内部私董会中受到的刺激会相对大一些，不论他们做不做案主。其原因是，企业是自己创建并领导的，团队是自己选择的、培养的，团队折射出来的能力和素养如何，自然会直击自己。这会促使自己在做出一些肯定的同时，反思自己哪些做得不好，甚至做错了。团队成员表现与自己预期的差异越大，自己越沮丧，越难过。

我在做企业内部私董会时发现，即使老板外表表现出冷静，其内心也会被现场参与者能力和素养的呈现牵引着，甚至纠结着。凡是亲历者都可以回忆一下当时的场景，这不是坏事，可以使自己更加清醒。

我建议内部私董会同外部私董会一样形成内部小组，过于松散的组织效果会低一些，虽然每次活动也会产生一定效果，但不利于持续改进。固定小组的效果会更强一些，不过固定小组也是相对的，就是说可以适当在固定小组基础上，每次或不定次地邀请其他成员加入，以方便对某个事先选定议题进行研讨。这个"方便"指的是与本次议题相关联的专业或业务协作紧密度高的人的研讨。越紧密，对议题形成的思考和结论越有帮助。

2018 年 4 月 21 日　重庆

第十二章

私董会应用场景延伸

企业大学如何导入私董会

企业大学（学院）导入私董会的方式，可以丰富教学内容，提升教学质量。企业内部可以更加灵活地进行学习，即使是一个班组、一个临时小组，围绕一个专题开展讨论学习，都可以运用私董会教学方式进行研讨，这样的方式可以更深入、更有参与性，便于研讨的结论有效执行。

企业大学（学院）导入私董会的方式，可以丰富教学内容，提升教学质量。企业大学导入的私董会教学，可以称之为内部私董会，是一个企业内部的教学，通常有这样几种方式：

第一，决策层私董会。可以由董事会、监事会和核心经营班子成员参加，参照外部私董会方式组建。它通常是长期的内部学习组织，定期举办，可以选择的时间：季度、半年一次等。如果有特殊议题需要探讨，可以即时召开。

第二，管理层私董会。通常有两种方式：高管层和中层。两个层级的私董会既可以分开，也可以融合。分开与融合，完全依据企业讨论议题需要，没有所谓好坏之分。组建方式可以参照决策层私董会，建成长期学习组织，可以选择的时间：两个月、季度一次等。如果有特殊议题需要探讨，可以即时召开。

第三，部门私董会。基本运行方式有：单一部门或跨部门。单一部门通常是部门全体人员参加，跨部门指的是两个及以上多个部门的私董会学习，根据需要自由组合，目的是解决相关联的问题。跨部门私董会参加人员变化要多一些，可以是跨部门全体人员，也可以是跨部门相关人员，也可以是跨部门的主要负责人。这也是根据议题需要来决定参加人员，目的是提高会议效率。

以上三种内部私董会方式，是一个基本的组织学习方式。企业内部可以更加灵活地进行学习，即使是一个班组、一个临时小组，围绕一个专题开展讨论学习，都可以运用私董会教学方式进行研讨，这样的方式可以更深入、更有参与性，便于研讨的结论有效执行。

即使没有企业大学（学院），也可以由人力资源部门承担私董会组建工作，按照上述方式运行。建议企业动手做做这方面的尝试。

2017年5月7日　武陟

大学商学院怎样引入私董会

一些知名大学的工商管理总裁班大胆地引入私董会教学方式，获得了称赞，企业家、管理者得到了收益，学校也得到了教学方式的创新。私董会有一套程序保障了学生开放、多元、独立地思考和研讨，这样的讨论一定会让学生们耳目一新，也会避免学生们因为只提供看法和经验，失去了更开放自己的思维研究一个具体问题或案例的机会。

一些知名大学的工商管理总裁班大胆地引入私董会教学方式，获得了称赞，企业家、管理者得到了收益，学校也得到了教学方式的创新。

可是，目前大学的商学院并没有将私董会方式导入MBA（全日制）或其他院系学生教学中，原有教学体系的固定性，使得"民间"方法难以登大雅之堂，失去了革新或者丰富学生学习的机会。

私董会设计的动机是让更多人参与议题选择和对议题进行多元、独立、无结论的讨论。我们在MBA案例教学中或其他教学中，或许都有一个所谓的结论，并且教授们会强化某种结论的确定性陈述，失去了发散、让结论多元化的可能性。一套模式下形成一套思维方式，丰富多彩渐渐远去，留给学生的是一套"颠扑不破"的商业或管理逻辑。

现实世界远比理论丰富得多，因此需要更多人从不同角度去探讨。如果大学商学院更开放一点，引入私董会这种开放式研讨方式，学生就有了平等发言机会，很多时候不是老师不给学生机会，是没有程序保障这种机会，或者说逼迫学生必须把握这样的机会。

而私董会有一套程序保障了学生开放、多元、独立地思考和研讨，这样的讨论一定会让学生们耳目一新，也会避免学生们因为只提供看法和经验，失去了更开放自己的思维研究一个具体问题或案例的机会。

2017年11月22日　北京

私董会方法如何融入MBA教学

> 将私董会方式导入正式的MBA教学，一定会大大丰富MBA的教学实践，这主要是私董会以追求"平等、自由、独立、多元"为前提的程序基因决定的。只要遵循这些基因，"共创、共享"的特点就会显现，学生们在这一过程中的学习体验和热情一定不一样。

有一次，我与北师大第17届的部分MBA学生交流"海川生态私董会方法与实践"，近4个小时的讲座中，受到了积极回应。

我在讲座中与学生们的交流是顺畅的，在讲解"私董七步法"时，我通过让学生提出议题的方式进行现场沟通。现场学生是积极的，当提出问题时，我询问大家是否听清刚才那位同学的问题时，第一轮有4位同学给出了自己的理解，我问那位问题提出者："他们的解读符合你提出问题的原意吗？"答："60%。"接着进行第二轮解读，又有5位同学发言，我再问："现在的接近程度呢？"答："80%。"即使有9位同学进行了解读，仍然会有至少20%的误差。

当我继续追问大家在这一轮的问答中得到哪些启示时，同学们同样给出了积极回应。他们中不少人结合自己的工作说出了体验和启示，这一过程恰恰是私董会可以给到的不同的教学体验。不是导师给出答案，而是导师引导大家得出自己认为的答案。

这只是一个环节的体验，而且是一个很短时间的体验，就已经对学生有了不错的调动。如果是一场正式的私董会，不是讲座中的简单对话呢？体验势必更深刻，体会与启示也会更多。

我以为，将私董会方式导入正式的MBA教学，一定会大大丰富

MBA的教学实践。长期以来，无论是大学教学，还是培训公司组织的培训班，都是老师讲，学生听。虽然教练技术引入后，培训被改善了一些，但依然没有根本改变。在大家的认知里，总觉得老师是老师，学生是学生，"教学相长""三人行，必有我师焉"，这些古训早已忘于脑后。不仅老师觉得"老师是老师，学生是学生"，学生也这样认为，至少表面上是这样。因此，老师主动教学，学生被动听课。思考、交流中必要的冲突就很少见，缺少生动活泼的教学局面。长此以往，讲与听或许会貌合神离，大大削弱了教学与培训价值。

如果导入私董会方式开展MBA教学，局面一定会在较大程度上得到改观。这主要是私董会以追求"平等、自由、独立、多元"为前提的程序基因决定的。只要遵循这些基因，"共创、共享"的特点就会显现，学生们在这一过程中的学习体验和热情一定不一样。

上述创新实践，有时不过是一次简单的新方法尝试而已，不必要那么大惊小怪。而这中间，思维习惯与开放态度会决定我们能否真正做出改变。

2018年4月28日　北京

"+私董会"方式如何应用于管理教学

这个教学场景不是标准意义上的私董会现场，但灵活运用了私董会方法中的提问方法，给了学员们良好的学习体验。在我看来，"私董会+"或"+私董会"能够成为所有企业（组织）学习、会议、调研可以导入的方法，只是需要根据场景不同，灵活运用。

场景：现场6个小组，每组5~7人。当老师提到一个关键话题时，邀请学员提出自己的观点和做法。之后，老师突然向现场每组学员征求对刚才那位学员的观点和做法的解读。

一个现象出现了：没有几人敢踊跃提出自己听到了什么。虽然有少数学员做了解读，但是与那位学员的观点和做法的真实含义有不小的差距。这个现象的出现，对学员们产生了一定冲击。大家突然发现自己并没有用心听现场正在发生的信息。

虽然对老师的前一个提问，每组都有学员代表给了一个自己的观点和做法，但是对老师的后一个关于学员的观点和做法的解读要求，学员们却很茫然。一位学员做了解释，说刚才只顾着准备回答老师的第一个提问，没有在意现场正在发言的学员讲了什么。

看起来是一个不错的解释，可是，我们想想，在一个企业内部开办公会议的过程中，是不是也会出现类似场景？

对一个问题的"穷追猛打"式的提问，也会让某些学员紧张、尴尬。他们没有想到老师会这样提问，也没想到现场学员会根据自己刚才提出的问题问出那么多的问题。这一过程看起来平和，实际上极大地考验着学员，使那个临时被提问的学员"无处藏身"，必须诚实回答同学们对自己的关怀式的提问。

这个教学场景不是标准意义上私董会现场，但灵活运用了私董会方法中的提问方法，给了学员们良好的学习体验。在我看来，"私董会+"或"+私董会"能够成为所有企业（组织）学习、会议、调研可以导入的方法，只是需要根据场景不同，灵活运用。

2018年6月3日　郑州

第十三章

私董会方法创新

外部私董会如何内部化

组建一个企业家私董会（外部私董会），需要很好的管理方式（包括传统方式的组织管理和将来走向自组织管理），这样才可能长久、有效、有趣。理念通了，我想方法是可以被创造的，一旦私董会成员都能够积极参与进来，外部私董会的价值就会凸显出来。

组建一个企业家私董会（外部私董会），需要很好的管理方式（包括传统方式的组织管理和将来走向自组织管理），这样才可能长久、有效、有趣。其中，一个重要的理念和方法需要思考和借鉴，比如，外部私董会向内部私董会（一个企业内部组建的决策与管理层私董会）的发展。

如前所述，内部私董会有这样几个特点：

第一，私董成员是内部人，长期在一起共事，不开会时也是同事。

第二，研讨的话题有强相关性，关注度自然高。

第三，"抬头不见低头见"，话题研讨结束，就会带入工作中，不容易遗忘。即使不是每天在一起（跨地区或出差、休假），也会由于工作特点决定了他们之间存在强依存关系。

第四，由于是企业内董会，其组织文化自然形成（有既定的价值观，这是企业自身赋予的）。

我提出上述内部私董会的特点，目的是想与外部私董会做个比较，说明外部私董会的紧密度和连接度不如内部私董会（大概率）。

为了增加外部私董会成员之间的连接度与紧密度，效仿内部私董会的特点，将外董内董化，是不是一件好事？虽然我认为外董成员保持一定的距离不是一件坏事，因为我担心距离过近会引发成员之间为了照顾面子，而小心呵护关系，不愿破坏和谐氛围，导致开会的冲击力不够（这个观点只是提出来，暂时没有结论）；但是，外董内董化，也是必要的。

外董内董化，是需要建立的一种理念，也是可以寻求的一套方法。

第一，外部私董会组织的使命、愿景、价值观，需要私董成员们共同打造，它有别于内部私董会的先天文化植入。通过开主题私董会探讨这件事，本身就会影响或形成私董成员的价值观。

第二，"离场不离线"，搞好活动设计，将"场"内（定期的会议与活动）与"场"外（离场后的相关联系）形成一个整体。虽然不需要天天相约，但可以总体设计，形成一个完整活动方案。比如建立网上微信私董会，定期或不定期进行在线交流，可以正式（有计划发布研讨），可以非正式（随机发布信息和研讨话题），等等。

第三，强化复盘，花更多时间对上一期案主进行询问，让案主和私董成员获得更进一步的体验。因为我发现，很多私董成员由于一段时间不见面，会后联系也不多，在聚集开会时，已经忘了上一期案主的议题，内部私董会在这方面要做得好得多。

第四，将活动设计感增加，除了前面提到的"场"内与"场"外的互动，更重要的是每一次场内活动时的设计与安排。比如第三方会场的私董会、私董成员企业的现场私董会、游学（国际、国内）私董会等都需要精心设计。活动期间，不仅开标准的私董会，还可以开沙龙、组织游戏等。

理念通了，我想方法是可以被创造的，一旦私董会成员都能够积极参与进来，外部私董会的价值就会凸显出来。

2017年6月5日　北京

什么是后现场检验

私董成员在结束一次私董会之后的总结与反馈，对于组织者与私董导师来讲是一次后现场检验。无论案主在自己企业变革的结果如何，对变革思考与过程的信息掌握，不仅有助于案主变革过程中得到更多有益的帮助，对于组织者和导师们改进私董会，提升私董会价值也大有裨益。

私董成员在结束一次私董会之后的总结与反馈，对于组织者与私董导师来讲是一次后现场检验，有利于改善私董会。

我发现，除了现场私董成员，尤其是案主的即时体验与反馈外，结束会议之后的时间里，现场受了刺激的案主会在短时间里难以平复心情，会在之后做出新的思考。

比如他们会将会议记录重新阅读，对于现场比较刺激自己的一些提问、分析或建议，重新审视一番。此时，由于离开了现场，可以相对平静，做出冷静分析与判断，并做出相应对策与计划。一次成功的私董会，必须有这样的安排：正式会员制私董会小组会在下一次私董会议上做上次案主的复盘，是一个规定动作。

但是在非会员制小组，这就只是一次体验会，私董成员尤其是案主的复盘工作几乎不会被正式规定（当然也可以约定）。因此，离场后的后现场，案主或其他私董成员的总结与反馈，不仅对于私董体验成员是重要的，对于需要不断改进私董会主持的导师来讲同样是非常重要的。

我观察到，这样的动作，往往会被忽略。如果是企业内部工作会议，那么是必须有反馈的，否则工作成果无法产生，对企业进步不利。但是一次私董会体验，往往不会引起更多后续重视，这是所有组织者需要关注的问题。

或许，某个案主受到现场帮助之后，突然改变自己的经营方向，或者做出管理变革，而这些动作，组织者与导师都不知道。无论案主在自己企业变革的结果如何，对变革思考与过程的信息掌握，不仅有助于案主变革过程中得到更多有益的帮助，对于组织者和导师们改进私董会，提升私董会价值也大有裨益。

私董导师可以像老师给学生布置作业那样，向私董成员提出需求，希望他们给予即时反馈。反馈的方式其实很简单，直接用微信方式反馈即可，可以文字，可以语音。

2017年11月1日　北京

私董会运行的三层体验

　　私董会从运行角度看有三层体验，第一层体验是按照"私董七步法"，一个一个环节，由主持导师引导私董成员开展议题研讨。第二层体验是在导师主持过程中，不是纠偏，而是更多引发对敏感问题的研讨，不断刺激私董成员，尤其是对案主进行刺激。第三层体验是主持导师依然扮演了对敏感话题的引导角色，但是现场出现了私董成员自我纠偏、自我发现和深化研讨的局面。

　　私董会从运行角度看有三层体验，第一层体验是按照"私董七步法"，一个一个环节，由主持导师引导私董成员开展议题研讨。导师扮演了维持角色，能够坚持每个环节的要求，能够及时纠正私董的"违规"行为，能够做出主要环节要点和总结性的复盘，私董会观察员扮演了附属角色。

　　案主受到了刺激，有了不错的体验，尤其是对自己的议题有了一些新的理解，并能够接受大家的基本分析和建议，在会后寻求具体思路和办法，加以改进。私董成员也有不错的体会，能够将案主当成一面镜子，过程中刺激案主的每一次提问和分析，实际上都与自己有关。现场冲突不多，但是有体验，有下一步行动。

　　第二层体验是在导师主持过程中，不是纠偏，而是更多引发对敏感问题的研讨，不断刺激私董成员，尤其是对案主进行刺激。导师的主导者角色加重，这个主导者不是时间占得长，而是洞察力强，即时引发研讨的引导力突出，并且能够根据议题在复盘时提出自己的观点，而且是独立观点，不是替代和压倒私董成员的观点。

复盘不是按部就班的复盘，而是重点突出、引发思考的复盘。私董观察员扮演了积极引导和积极建议的角色。案主在私董会过程中不断受到来自主持导师、观察员和私董成员的刺激，尤其是敏感话题会被反复提及，加深对案主议题的深化。

第三层体验是主持导师依然扮演了对敏感话题的引导角色，但是现场出现了私董成员自我纠偏、自我发现和深化研讨的局面。有时会出现两派，一派倾向于某种意见和分析，而另一派更赞成不同的分析和意见。自发争论，完全真实研讨，虽有些火药味，但丝毫不伤和气，出于真心帮助案主议题得到解决。

出现的两派不是固定的，而是与问题相关，随时变动。这个过程大家体验深刻，研讨的是案主议题，实际上是试图看清自己。导师与观察员的主导性减弱，与私董成员一样，参与感大大增强。导师与观察员弱化了第三方角色，强化了私董身份，真正深入其中，做到忘我（导师角色）。

最后的复盘可以不是总结，不是点评，只是谈自己的体会。私董会在有导师的情形下实现了无导师运行，达到"随心所欲不逾矩"的境界。

2018年4月14日　广州

怎样自我创建私董道场

私董会方法已经被老板们引入企业内部，或成为老板们自我学习和修炼的道场。引入私董会方法有两种路径，一是邀请第三方专业私董导师主持活动，大约5次活动后便可自我运营；二是自我学习私董会方法，自我运营，慢慢提升，需要时可以临时邀请专业私董导师客串 1~2 次，作为观摩提升路径。

私董会方法已经被老板们引入企业内部，或成为老板们自我学习和修炼的道场。即使只有 5 个人的私董会小组，依然有很高的价值，老板们将私董会演绎得更加自由——时间、地点、方式、内容等，不用做那么多策划就可以聚在一起做探讨。

专家组建的私董会小组也可以自由地交流和深度修炼，以期达到提升自己的素养，以及为企业的私董会服务得更深、更强、更有品质的目的。从目前的情况看，私董会方法的需求与日俱增。人们仍然会接受不同机构提供的讲座（课），但是需要深度学习和研究，除了能够找到大师级人物请教外，创立一个属于自己的道场，是比较实用、方便的方法。这个道场可以是一所具体的房子，更是一个符号，流动的符号。一群志同道合、有着对私董会热情的人聚合在一起，便是道场。

不是房子成为道场，而是聚合在一起的人形成道场。有学员问我如何建立私董会学习小组，我说很简单，如果你正在某个机构学习，班级中的一些学员如果觉得彼此对路，就可以串联，形成一个私董小组，5~15 人都可以，然后确定一名私董秘书（可以是私董小组成员，也可以由私董成员公司提供一位兼职私董秘书），由他负责计划和联络。

引入私董会方法有两种路径，一是邀请第三方专业私董导师主持活动，大约 5 次活动后便可自我运营；二是自我学习私董会方法，自我运营，慢慢提升，需要时可以临时邀请专业私董导师客串 1~2 次，作为观摩提升路径。当然，还要建立私董会管理规则，包括章程和管理办法等。

即使目前没有在一个机构里学习，也可以将所在地区或跨地区的商界朋友串联到一起，组建私董会小组，定期或不定期举办私董会学习交流活动。需要注意的是尽可能跨行业、多地区，避免"近亲繁殖"，因为这样不利于多元研讨问题。

同行业是不是不可以交流？我的观点是否定的。同行业、跨地区、不同规模，组合一起依然可以交流，关键看是不是对路。不只老板群体可以建立私董会小组深度学习，职业经理人同样可以组织私董会小组，深度修炼自己。老板与职业经理人交叉组建私董会小组开展"跨界"交流，或许更有一番风味。

不要自说自话，要旁征博引，也可以避免一个腔调——老板谈老板的话，职业人谈职业人的话。两者交织一起，话是否投机不能确定，但一定会引发不同研讨，会有更多视角，也有更多冲突。而这些冲突有可能会引发人们更深入地思考问题，解决问题。

我近几年在一些大学工商管理总裁班教学过程中运用"私董七步法"教学，获得赞誉，很大一部分原因是这样的班级里既有老板，也有高级职业经理人。两个群体对一个问题思考方式是不太一样的，每个群体都可以从另一个或多个角度去审视自己，观察他人，很有趣，也很有价值。我推崇这样的组合，不要过于阶层化。

2018年4月18日　北京

如何利用共创形成共识

一场私董会可以看成一场"微咨询"，其共创特点十分突出。共创特点在内部私董会和外部私董会中都很突出。尤其是内部私董会，如果通过专题或者案例方式研讨，更容易形成思路和方法，直接指导工作。私董会的共创不仅是理念要求，更是一套程序约束和保障。

一场私董会可以看成一场"微咨询"，其共创特点十分突出。私董会的选题可以是问题方式（包含专题），也可以是案例方式选题，无论哪种选题都可以通过私董会对这个议题进行研讨，并得出一个基本结论。尤其是案例方式选题、研讨，更像一场典型的"微咨询"活动。

在选题之后，由导师牵引开展研讨，私董成员的经验和智慧会随着研讨的深入不断呈现出来，如果是熟悉的成员在一起研讨，则更容易形成快速、有效的讨论。共创特点在内部私董会和外部私董会中都很突出。尤其是内部私董会，如果通过专题或者案例方式研讨，更容易形成思路和方法，直接指导工作。

这里需要进一步强调的是，私董会的共创不仅是理念要求，更是一套程序约束和保障。坚持这个程序，自然就会有共创。如果只是自由头脑风暴，未必会形成共创，也许某个权威会左右这个"场"，形成独创或者叫单创，那样会破坏私董会的基因。

私董会的共创容易形成共识，如果是内部私董会上的共识，会更有利于对研讨议题形成具体执行思路与计划，更有利于后期落地。内部私董会或许可以促进对一个问题形成最后的决策，虽然私董会本身不具备决策功能。内部私董会或许可以将过去只能背靠背，或者只会通过小范围（2~3人），或者个人决策的事情，放到这个"场"里研讨，虽然会延缓决策时间，但对决策的支持是显而易见的。

当然也有人对上述方式提出疑虑：本来一件决定了的事，一场私董会有可能会动摇此前的决定，该如何办？对此，我以为，如果一场私董会能够动摇一项你此前的决定，不能说是私董会强大，只能说明你此前的决定是脆弱的，需要重新审视。

2018 年 4 月 20 日　北京

怎样深挖问题，改善思考模式

> 不是通过一次私董会解决一个具体问题，而是通过私董会检查自己的思维模式，从而确定改善思考模式的路径，达到举一反三的效果。

通过一套方法不断深挖问题，得到自己想要的答案，获得过程的深刻体验，恐怕是参与学习的人特别想达到的境界。私董会就提供了这样的方法，但并不是每一次私董会都能够得到这样的体验，这与两个关键因素有关。

第一，一开始的假设。如果我们做了一个结果或者目标的假设，大家都认为这个假设是重要的，那么整场私董会一开始就会弥漫着找对策、输出经验的想法，无论提问、分析、建议，都是奔着这个最直接的假设去的，没有人关注与假设不相关信息的调查、分析，这会失去私董会的开放性和思想的自由度。私董会上的经验主义占据上风，权威继续发挥着作用，甚至会出现大部分私董成员被剥夺自由发表意见的机会，他们会努力说着与结果、目标接近的语言，被这些假设左右。

第二，洞见与议题相关联的深层次问题，并能够毫不留情地揭开、开展讨论。这需要导师与私董们共同努力，私董导师要能够抓住这些敏感问题，私董成员们要能够积极附和，缺一不可。这个过程不仅考验大家，也训练大家的素养和能力。私董会是考验与训练两者的结合，而且后者更为重要。

人们对第二个关键要素理解相对好一些，而对第一个因素的理解有一些差异。人们普遍的观点是，私董会就是为了解决问题，有答案没什么不好。可是，答案与答案不同。你的答案是找到问题最终解决办法，甚至是非常直接的结果，我的答案是找到你想要的结果。但是，一次私董会不可能完全解决问题，不能病急乱吃药，而一次私董会追求的答案是启发你思考问题的多元视角，不要急于出招，要搞清逻辑，梳理清楚思路，这样，找到最终的答案是必然的。

不是通过一次私董会解决一个具体问题，而是通过私董会检查自己的思维模式，从而确定改善思考模式的路径，达到举一反三的效果。私董会上提出的问题，不过是一个靶子，是用来检讨自己的靶子。不仅案主如此，其他参与者皆是如此。

2018年5月7日　北京

如何让私董会效果得到提升

如果有足够的时间，私董会上的每个环节都应当更细致一些。比如，现场对解析环节做更充分的碰撞，有助于案主对自身问题更透彻地思考和把握，也会促使私董们更清醒、更理性对待自己提出的分析意见，对提升各位私董的思考水平和分析能力有很大帮助。不仅是解析环节可以追加研讨，其他环节也是如此，比如建议环节，同样可以深入研讨。

如果有足够的时间，私董会上的每个环节都应当更细致一些。比如解析环节，私董们分析了问题产生的原因，案主做了认真筛选、排序和权重确认，原本可以过关了，但是否可以进一步研讨呢？如果可以，还需要增加怎样的研讨呢？

这时，可以请现场私董成员们各自写下自己认同的原因，并排序，确认权重。然后做以下几个动作：

第一，找出各位成员认为的相同或相似的原因分析，做个原因数据排序。

第二，将成员们原因数据排序的原因与案主进行比对。

第三，如果成员们与案主完全一致，研讨可以结束。如果不一致，进行下一步。

第四，找出差异所在，尤其是前三位原因的排序差异和权重差异。

第五，对这些差异分别解读。案主先，私董后。

第六，解读之后，通过进一步研讨力求达成共识。若不能共识，进行下一步。

第七，保留各自意见或部分不同意见，在"场"外进行实践验证。

第八，事后跟踪，待下一次私董会复盘时再论。

所以，现场对解析环节做更充分的碰撞，有助于案主对自身问题更透彻地思考和把握，也会促使私董们更清醒、更理性对待自己提出的分析意见，对提升各位私董的思考水平和分析能力有很大帮助。我的私董会实践中，凡是这个环节增加了上述动作，现场的研讨就会变得激烈，产生冲突。在同意与不同意、一致与不一致、妥协与不妥协中，每个人都会存在内心与语言的博弈，关怀式的冲突有时会爆发得更猛烈一些。

不仅是解析环节可以追加研讨，其他环节也是如此，比如建议环节，同样可以深入研讨。当私董们非常积极地提出建议后，案主可以挑选自己最中意的建议，并分析，排序，确认权重。

之后，依然可以像解析环节一样，进行下一个动作。这里需要提醒的一点是，从整场私董会的连贯性角度分析，当解析环节存在案主与私董认知差异时，建议环节如何统一，这之间的差异如何对待也是个值得思考的问题。

虽然我们可以深入研讨，但结论或决策的权力还是归于案主。这也是私董会基因决定的，不能强迫，但可以充分给予关怀式的刺激。我想做到这一点，环节的细节只要能做得足一些，效果一定大大增加。

2018年6月18日　北京

私董会怎样才能常开常新，不落俗套

> 私董会常开常新，不会因为多开而陷入俗套。私董会不是一个套路的重复使用，而是一个方法论在不同场景下的创造性应用。每一次私董成员的聚会，都会产生新的东西，令人神清气爽或者过瘾、刺激。现场气氛不论是活跃还是压抑，都会让私董们产生新的体验，并从中悟出点什么。

私董会常开常新，不会因为多开而陷入俗套。私董会不是一个套路的重复使用，而是一个方法论在不同场景下的创造性应用。

每一次私董成员的聚会，都会产生新的东西，令人神清气爽或者过瘾、刺激。现场气氛不论是活跃还是压抑，都会让私董们产生新的体验，并从中悟出点什么。一个长期固定的私董会，每隔一段时间，比如1~3个月聚会一次，每次1~3天。不同方式的组合会带来新体验，更重要的是，私董会本身将会带你进入不同于上一次私董会的场景。

说私董会常开常新，指的是：

第一，新在场景的变化。比如地点的变化，大多数固定的私董会组织都会选择不同地点聚会，如私董成员企业、风景名胜、豪华酒店、民宿、文化产业聚集区、国外访学地等。

第二，新在时间的变化。时间会让大家感到熟悉中产生陌生，而陌生感可以带来新的相聚后的体验。

第三，新在议题的变化。如果你让一个私董成员用上一次提出的没有被选上的议题来讨论，他可能不会同意，因为过了这段不在一起的时间，他在自己的岗位上又有了新的体验，上一次议题的未必是本次自己最想拿出来讨论的议题。所以，私董会里换议题是常态。

第四，新在私董成员的心境、素养和经营管理体验又发生了变化，而这一切都是时间和事件这两个要素在起作用。

第五，新在私董成员对私董会的看法和开私董会的能力在提升和变化。越开越有经验，越开越投入，投入了，心静了，便有了博而深的认知，会刺激和重构私董会的创造力。

2017年8月24日　佛山

我的私董会学习实践与感悟

本书是截至2018年6月18日我的私董会实践体会的文章集成，是我在不同城市游走、实践、驻足的即时体会。

一些文章内容有相似之处，但由于时间推移，实践中的体会发生了一些改变，因而文章的具体内容还是有些差别的，可以说，后面的文章比前面的文章体会更深刻了，或做了不同视角上的有益补充。

虽然都是很短的文章，也不成系统，但是这些体会能够基本反映出我的私董会研究与实践价值。2013年至今，我的私董会实践有很多创新点，得到参与我（私董导师团队）的私董会的企业家、管理者、MBA学生、专业工作者的普遍赞赏。愿意加入我创立的海川生态私董会的专业工作者和企业家也越来越多。

我热爱私董会方法的应用，自然不会停止对私董会方法的研究和实践。我会根据现实中遇到的新问题，不断总结，以发现新的私董会应用方法，并快速传播给社会各阶层需求者，启示和助推他们改善思维，清醒头脑，终结纠结，创造未来。

感恩信任和支持我的专业团队！

感恩为我们提供展示舞台的所有朋友们！

感恩我亲爱的家人们！

七大基因支撑海川生态私董会实践

海川生态私董会的基因有哪些？都应该如何理解呢？

基因一，程序至上。可以说没有程序，就不会有私董会的精彩演绎，程序是私董会最基本的基因。

我常常戏说私董会是一种深度的聊天方式，是有程序的聊天方式。参与过私董会的私董成员和主持私董会的导师们，哪一位不是在程序中体验到私董会的价值与魅力的呢？"私董七步法"就是非常重要的程序，这个程序可以保证私董会基本的、健康的秩序。

基因二，尊重多元。其含义包括构建有教无类的学习小组，不搞"清一色"。无论身份如何（企业家、创业家、不同层级的管理者、不同门类的专业工作者），无论年龄多大（"60后"到"95后"），无论财富多寡、名气大小，海川生态私董会导师们都会一视同仁，用心引导。

在私董会小组中，每一位私董会成员都会受到尊重，只要你自己不放弃独立思考，就没有人能剥夺你在私董会上讨论问题时发表独立观点的权利和机会。这是私董会深度研讨、多元生态的魅力所在。

基因三，过程优先。开一次私董会，不是为了追求所谓的最终结果（得出议题完整的结论和解决方案），而是为了在过程中得到新体验、新认知，从而获得解决问题的思路和方法。不是现场给出答案，而是开会中的过程演绎，刺激和激发了自己新的思考。

如果大家在开私董会时都能坚持过程优先，便会用心对话、交流，不会只关注权威在其中的作用。所以，结果是结果，过程更是结果。

基因四，强调重构。私董会不是知识和经验的简单转移，更重要的是共创、共识、共享新的内容。在私董会现场，对一个问题的多元角度对话、碰撞，会产生超越每一位私董成员、现场导师、观察员先前对这个问题的经验，具有独到见解的东西撞在一起时，会融合成新的、独到的思考。这时得到的结果都是重构出来的，不是事先设想好的，也不是权威发布的，而是众智的呈现和重构。

基因五，心系关怀。强调尊重，不刺激别人。像父母对待孩子一样，即使有些过激语言，甚至体罚，也是出于关怀。私董会依然会坚持这种基因特点，并倡导有关怀的刺激，不怕思想、观点、经验间的冲突，不怕语言和内心世界的冲突，希望私董会的成员们能在关怀式的冲突中，得到不一样的学习体验和感悟。

心系关怀，我们便会真诚、开放地倾听他人的心声，便会真心、用心帮助他人，利他情结便会加深。

基因六，专业精准。海川生态私董会的导师们大多是跨界人士，从事的是企业高管（或创业）、咨询顾问、大学兼职工商管理教学等职业，这使导师们拥有了自身独特的特点，即在实践中不断发挥自己的专长，时刻洞察私董会过程中一些极富价值的敏感点（商业的、专业的、职业的、生活的等），引导私董会成员进行讨论，甚至彼此激烈争论。这个过程可以升华一场私董会研讨。没有这个基因，就没有深度观察，当然不会有深度引导，也不会引发深度思考。

基因七，法无定式。有程序，即运用"私董七步法"时，必须遵循每个步骤应当遵循的原则，不能越雷池一步。但同时，必须根据现场研讨氛围和研讨问题深度，由导师即时把握火候，进行调整、引导，使研讨热烈、趣味、有深度。这些调整会在"私董七步法"的框架下，对每一个步骤的时间和内容进行掌控，或延长、或缩短，或按顺序或调整结构。

无论哪一个环节，私董导师都有可能因为现场情况不同而表现出不同的主持方式。私董会主持是个细活，在"私董七步法"框架下可以自由掌控其要领。

牢记这七个基因，开一场优质的私董会就不是一件难事了。难就难在我们不理解这些基因，不坚持这些基因，不能够及时反思每一场私董会的得失。